Hansjörg Falz, MERIAN-Chefredakteur

Liebe Leserin, lieber Leser,

es gibt hübsche Postkarten, die die Sehenswürdigkeiten der Schwäbischen Alb zeigen, überschrieben mit »Highländle« oder »Albazonas«. Sehr mag ich auch »Hochhäusle«, womit Schloss Lichtenstein beschrieben wird. Schon im Mittelalter ist hier eine Burg entstanden. Erhalten ist ein spektakulär auf einem Felsen thronender Bau aus dem 19. Jahrhundert, in dem man heiraten oder das Schlossgespenst Alfons besuchen kann, was vermutlich eher Verheiratete tun, die bereits Kinder haben. Auch der Stammsitz der Hohenzollern befindet sich hier, in dieser Mittelgebirgslandschaft südöstlich von Stuttgart. Tatsächlich ist das Gebiet seit Urzeiten bevölkert. Vor gut 40 000 Jahren wohnten in einigen Höhlen künstlerisch sehr begabte Homo sapiens, die aus Mammut-Elfenbein filigrane Figuren schnitzten. Das Interview mit dem Entdecker vieler dieser Figuren, dem Archäologie-Professor Nicholas Conard, lesen Sie ab Seite 36. In vielerlei Hinsicht ist die Schwäbische Alb ein ideales Reiseziel. Sie ist leicht zu erreichen, bietet eine große Vielfalt, sowohl landschaftlich als auch kulturell. Und: Sie ist zu jeder Saison attraktiv, das gilt besonders auch für die kulinarische Seite. Mein Kollege Jonas Morgenthaler, der diese Ausgabe entwickelt hat, besuchte Produzenten und Bauern, die den Boden kreativ zu nutzen wissen und hier feine Spezialitäten und nachhaltige Lebensmittel herstellen, etwa Alblinsen, Birnen-Schaumwein und Büffelsalami. Das größte Plus dieser Region aber ist die Natur, hier nachhaltig zu reisen, ist ein Leichtes, mit der Bahn, auf dem Rad oder zu Fuß. Unsere Autorin Andrea C. Bayer aus Ellwangen wollte schon seit Jahren den Albschäferweg wandern. Für MERIAN war sie im Sommer unterwegs. Machen Sie es ihr nach!

Herzlich Ihr

Hansjörg Falz

W0416133

Vor Heft 01/2022 erschienen in 1956, 1971 und 1982 MERIAN-Ausgaben über die Schwäbische Alb

FOTO: VOLKER RENNER

ALLEIN MIT DER HERDE Schäfern wie Florian Feußner ist der Albschäferweg im Osten der Alb gewidmet

Inhalt

NACHHALTIG Eine gut vernetzte Erzeugergemeinschaft baut auf der Alb erfolgreich Linsen mit Getreide an

TITELFOTO: GEORG KNOLL; FOTOS: GEORG KNOLL (2), VOLKER RENNER (2)

WOHNZIMMER DER KÖNIGIN Der reich verzierte Blaue Salon gehört zu den schönsten Räumen der Burg Hohenzollern

VOM BAUM INS FASS Jörg Geiger macht aus Streuobst Schaumweine und viele weitere raffinierte Getränke

Wunderbar zum Wandern: Die Aufnahme von MERIAN-Fotograf Georg Knoll zeigt einige der imposanten Felsformationen im Wental

Top 10

MERIAN-Autorin **Andrea C. Bayer** ist in Ellwangen auf der Ostalb aufgewachsen. Gerne spürt sie auf der Schwäbischen Alb Kindheitserinnerungen nach, aber ebenso gerne entdeckt sie hier Neues

1 BAD URACH

In der spätmittelalterlichen Residenzstadt im Ermstal möchte ich sofort länger bleiben, auf dem Marktplatz mit seinem spätgotischen Brunnen und den schmucken Fachwerkbauten verweilen, mir die steilen Anstiege ringsum erwandern und im Thermalbad mit Quellwasser aus 770 Meter Tiefe entspannen. Und dann gibt es da ja noch die spätgotische Amanduskirche, erbaut aus markant-löchrigem Kalktuff, der für die Region typisch ist. Mein Extra-Tipp: Besuchen Sie den Uracher Wasserfall an einem Regentag, dann ist weniger los, und mit etwas Glück entdeckt man mitten auf den Wegen sogar Feuersalamander.

2 GROSSES LAUTERTAL

Die Flusstäler der Alb haben ihren eigenen Charme. Eines der schönsten ist das Große Lautertal, in dem sich der Fluss auf seinem Weg zur Donau durch Wiesen und Auen schlängelt, vorbei an Felsformationen, kleinen Stromschnellen und mittelalterlichen Burgen und Ruinen. Als leidenschaftliche Paddlerin möchte ich diesen Teil des Biosphärengebiets Schwäbische Alb gerne mal vom Wasser aus erleben – was dank Bootsverleih in Bichishausen bei Münsingen ganz einfach machbar ist. Danach muss ich mich dann entscheiden: Entweder mache ich noch einen Abstecher ins Haupt- und Landgestüt Marbach oder ich gönne mir eine Dosis schwäbische Mundart im viel gelobten Naturtheater Hayingen.

kanutouren.com, hul.landwirtschaft-bw.de, naturtheater-hayingen.de

3 WIMSENER HÖHLE

Die Schwäbische Alb ist ein Traumziel für alle, die gerne Höhlen erkunden. Mein Favorit ist die Wimsener Höhle. Die Besichtigung der Wasserhöhle dauert zwar nur zehn Minuten, ist aber ein Erlebnis, das es nirgendwo sonst in Deutschland gibt: Auf einer geführten Bootstour lässt man sich rund 70 Meter weit in die Höhle hineinschippern. Den Besuch kann man gut mit einem Abstecher zum barocken Münster Zwiefalten verbinden, von dem aus man eine kleine Rundwanderung zur Karsthöhle und zurück unternehmen kann. Einkehrtipp: Am Ziel befindet sich ein Bio-Gasthof der Familie Tress (siehe S. 114/115).

tress-gastronomie.de/wimsener-hoehle

4 TAUSENDER ERWANDERN

Hochgehen, weit blicken und tief durchatmen: Auf der Schwäbischen Alb muss man einfach zwischen oben und unten pendeln, um die Dimensionen der Landschaft so richtig zu erfassen. Sehr gut geht das in der »Region der 10 Tausender« am westlichen Ende der Alb. Hier sind, ausgehend vom Ort Wehingen, zehn der höchsten Berge der Region in drei Wanderrouten zusammengefasst. Ob einzelner Gipfel – zum Beispiel der Lemberg mit seinen 1015 Metern Höhe – oder sportlich ambitioniert alle zehn an einem Tag: Vesperpause nicht vergessen!

region-der-zehn-tausender.de

5 AALEN AUF DER OSTALB

Auch der Ostrand der Alb hat viel zu bieten. Aalen zum Beispiel: Wo einst das größte römische Reiterkastell nördlich der Alpen lag, informiert heute das Limesmuseum über die römischen Grenzanlagen – und im Urweltmuseum bestaunt man eine Sammlung von über 1500 Versteinerungen. Selbst auf Fossiliensuche begeben kann man sich auf dem Weg, der von den Limes-Thermen an einem kleinen Steinbruch vorbei hoch zum Aussichtsturm Aalbäumle führt. Danach geht's in die Tiefe: Im benachbarten Wasseralfingen fährt man mit der gelbschwarzen Grubenbahn ins Besucherbergwerk Tiefer Stollen ein.

limesmuseum.de, aalbäumle.de, bergwerk-aalen.de

6 WALLFAHRTSKIRCHE AVE MARIA

Typisch für das Landschaftsbild meiner alten Heimat sind Kapellen, Kirchlein und Bildstöckchen am Wegesrand. Besonders mag ich die kleine spätbarocke Kirche Ave Maria oberhalb von Deggingen im Filstal. Am Hang gelegen, erreicht man das ehemalige Kapuzinerkloster zu Fuß auf einem 14 Stationen

HEUTE KULTUR, MORGEN NATUR Fachwerk prägt das Rathaus mit Glockenturm und den Marktplatz von Bad Urach, Quellwasser die mit Booten befahrbare Wimsener Höhle

umfassenden Kreuzweg. Besonders schön: der Ausblick übers Tal im warmen Frühabendlicht und ein Waldspaziergang zur »Ave-Quelle«, der heilende Kräfte zugesprochen werden und die in jedem Fall durch ihr eisig-klares Wasser überrascht. Wer es opulenter mag, ist im Oberen Donautal richtig: Hier liegt die Erzabtei Beuron mit ihrer reich verzierten Barockkirche aus dem 18. Jahrhundert.
erzabtei-beuron.de

7 FREILICHTMUSEUM BEUREN

Für das Freilichtmuseum Beuren plant man am besten einen ganzen Tag ein und nimmt die Familie mit. 25 Originalgebäude von der Schwäbischen Alb und aus dem Neckarland erzählen hier die Geschichte von typisch dörflicher Struktur und vom Alltag zurückliegender Zeiten. Dazwischen bunte Hausgärten, Schafe, Hühner, Ziegen und Obstwiesen sowie das »Tante-Helene-Lädle«, ein Kolonialwarenladen aus dem Jahr 1929.
freilichtmuseum-beuren.de

8 TÜBINGEN

Gemütlich und weltgewandt, traditionell und gleichzeitig immer in Bewegung: Tübingen ist eine Stadt, von der man nicht genug bekommt – und die mit ihrem Kopfsteinpflaster, Fachwerk und bunt getünchten, kunstvoll bemalten Häusern einfach so richtig süddeutsch ist, im besten Sinne! Zu den Höhepunkten gehören das Schloss Hohentübingen mit seinem Uni-Museum und der Eiszeitkunst (siehe S. 46), das Glockenspiel am Rathaus, aber auch das junge Flair der Studentenstadt – was sich bestens zur Mittagszeit erleben lässt, wenn sich vor dem Imbiss »Kichererbse« (Metzgergasse 2) eine lange Schlange bildet, weil die Falafeln hier so gut schmecken.

9 SCHWÄBISCH ESSEN

Pfitzauf, Buabaspitzle, Linsen und Spätzle oder mein kulinarischer Favorit, der schwäbische Kartoffelsalat mit Essig und Öl: Die ursprünglich-bodenständige Küche meiner Heimatregion ist ganz schön lecker. Viele Gerichte kommen auch mit überraschenden Geschichten daher. Besuchen Sie also ruhig mal eine traditionelle Gastwirtschaft und lassen Sie sich erklären, was es mit dem »Gaisburger Marsch« auf sich hat – oder genießen Sie einfach eine Portion geschmälzte Maultaschen mit Zwiebeln.

10 WENTAL IM WINTER

Die Wege vereist, dicker Raureif auf den ansonsten kahlen Ästen und leicht-flockiger Neuschnee von oben: Das ist meine Lieblingskulisse im Wental. Das einstige Flusstal entstand, als die Schwäbische Alb vor rund 150 Mio. Jahren zu verkarsten begann. Schon als Kind haben mich die Dolomitfelsen zwischen Bartholomä und Steinheim am Albuch begeistert und zu fantasievollem Figurendeuten angeregt. Kein Wunder bei Felsennamen wie »Wentalweible« und »Sphinx«!

FOTOS: ANDREA BAYER, ACHIM MENDE/BAD URACH TOURISMUS, REINHOLD SCHUMANN

Lukas Spörl, *Fotograf in Berlin, hat sich für diese Ausgabe mit äußerst kleinen Motiven befasst: Die Kunstwerke aus der Eiszeit (S. 36) messen oft nur wenige Zentimeter*

Wie gelingt gute **Makrofotografie?**

1. Aufnahmen Sind die Objekte hinter Glas, muss man auf Spiegelungen und Lichtreflexe achten. Oft reicht es, nur den Winkel etwas zu ändern, um sie zu vermeiden. Ansonsten einfach so nah wie möglich heran, um das Umgebungslicht zu reduzieren. Auch ein Polfilter kann die Reflexe mindern. Das kostet aber ein, zwei Blenden, wodurch die Verwacklungsgefahr steigt und das Bildrauschen größer wird.

2. Technik Für die Nahaufnahmen habe ich eine MFT-Kamera von Olympus mit dem Objektiv M. Zuiko Digital ED 12-100mm F4 IS PRO benutzt. Das lässt im Weitwinkel eine Nahgrenze von 1,5 Zentimeter zur Frontlinse zu. Auch der Bildstabilisator ist besonders effektiv.

3. Nachbearbeitung Bei sehr kleinen Objekten mit dunklem Untergrund, zum Beispiel dem Vogelherd-Pferd in Tübingen, kann Staub sehr störend wirken. Er lässt sich in einer vorsichtigen Nachbearbeitung reduzieren. Der sehr sensible Eingriff kostet allerdings Geduld und sollte nicht übertrieben werden.

IN DIE ENGE GERATEN …

… ist MERIAN-Autor **Elmar Brümmer** ganz bewusst: Immerhin gehört die bis zu 31 Zentimeter schmale Spreuerhofstraße zu den Attraktionen von Reutlingen. Das E-Bike, mit dem er die Stadt und weitere entlang des Neckars erkundet hat (S. 118), musste er zuvor zwangsläufig stehen lassen.

MIT SCHAFEN WANDERN

Für die Reportage ab Seite 48 hat MERIAN-Fotograf **Georg Knoll** die Autorin Andrea C. Bayer vier Tage auf dem Albschäferweg begleitet. Bei den Aufnahmen der scheuen Schafe half ihm die richtige Ausrüstung, die bei den 30 Kilometer langen Etappen nicht zu schwer sein durfte. »Jedes Gramm zählt«, wusste Knoll am Ende.

BESUCH BEI DEN BÜFFELN

Mit einem Reflektor rückte Fotograf **Volker Renner** (ganz links) den Metzger **Ludwig Failenschmid** und den Büffelzüchter **Willi Wolf** (mit Stab) ins richtige Licht. MERIAN-Redakteur **Jonas Morgenthaler** assistierte dabei – und stellte Fragen fürs Porträt auf Seite 94.

FOTOS: LUKAS SPÖRL (2), ANDREA BAYER, VOLKER RENNER

Handwerk
und Tradition
Premium Outdoor-Möbel vom Rande der Schwäbischen Alb
fischer
möbel
Fischer Möbel GmbH, Dieselstraße 6, 73278 Schlierbach, Telefon 07021-72760
Händlerverzeichnis und Infos unter www.fischer-moebel.de

Einsame Spitzen

Hohe Berge hat die Schwäbische Alb nicht, Hochgefühle wecken kann sie aber bestens – durch kuriose Wolkenkratzer, legendäre Teddybären und edle Hengste

Gute Aussichten genießt man sowohl vom »TK Elevator«-Testturm (links) als auch vom Schönbergturm (rechts)

Wie eine Spirale windet sich die Hülle aus Glasfasergewebe um den Wolkenkratzer, der seit 2017 in Rottweil steht. Der Testturm von »TK Elevator« ist genau das, was der Name sagt: In seinen 12 Schächten werden Aufzüge getestet, die Geschwindigkeiten von 18 Metern pro Sekunde erreichen und teils die gleiche Technologie wie die Magnetschwebebahn benutzen. Für Besucher gibt es außerdem eine Aussichtsplattform in stolzen 232 Metern Höhe. Dagegen wirkt der 28 Meter hohe Schönbergturm in Pfullingen bescheiden. Dafür hat der einen einprägsamen Spitznamen: Wegen seiner Form wird der 1906 eingeweihte Aussichtsturm auch »Pfullinger Onderhos« genannt. Wie die große »Ton- und Turnhalle« in derselben Stadt hat ihn Theodor Fischer entworfen, eigentlich als Vorschlag für das geplante Völkerschlachtdenkmal in Leipzig. Einen Aufzug gibt es darin nicht – die 112 Stufen muss man schon selbst bewältigen. testturm.tkelevator.com

Dieses Gestell kombiniert Wacholderholz mit dem Horn des heimischen Albbüffels – und ist wie alle Modelle ein handgefertigtes Unikat

DUFTENDE BRILLEN

Was für Holzköpfe!

Als Synästhesie bezeichnet man die Kopplung zweier Sinne, zum Beispiel wenn Menschen Musik farblich sehen können. Optiker Thomas Gut und sein Team haben in Münsingen ihre eigene Variante der Synästhesie entwickelt: die Wacholderbrille. Gefertigt wird sie in Handarbeit aus Holz von den hiesigen Wacholderheiden, dazu kommt bei manchen Modellen noch Zwetschgenholz oder bisweilen Büffelhorn, natürlich ebenfalls aus der Region. Die schicken, leichten Gestelle sitzen nicht nur gut, sie riechen auch noch herrlich nach Wacholder. **wacholderbrille.de**

MALENDE MÖNCHE

Religiöser Kunst eine würdevolle Form geben, mit einer ästhetischen Geometrie, die sich etwa am alten Ägypten und an Byzanz orientiert – das war das Ziel der Beuroner Schule, die 1868 von Mönchen im Kloster Beuron gegründet wurde. Die golden schimmernde Gnadenkapelle der Abtei trägt bis heute ihre Handschrift.

erzabtei-beuron.de

PFERDEZUCHT

HOHE RÖSSER

Dass Stute und Fohlen zu einer Tränke schreiten, an der wiederum eine Skulptur von beiden steht, soll selbst sie wahrscheinlich an die glorreiche Geschichte des Haupt- und Landgestüts Marbach erinnern, des ältesten staatlichen Gestüts Deutschlands: Schon im 16. Jahrhundert wurde es zur Zucht genutzt. Heute leben hier rund 500 Pferde, für Gäste gibt es Führungen und Kutschfahrten.

Gomadingen-Marbach
hul.landwirtschaft-bw.de

FOTOS: TK ELEVATOR, MARTIN SCHLECHT/ADOBE STOCK, JÖRG JÄGER (2), CLAUDIA GILLE

Schwäbische Spielzeugkiste

Für Drachentöter

Nicht nur der Teddybär wurde auf der Alb geboren, hier werden vom Weltmarktführer Schleich in Schwäbisch Gmünd seit 1957 auch ganz naturgetreue und extrem beliebte Tierfiguren aus Kunststoff hergestellt. Und einige, die etwas weniger realistisch sind – zum Beispiel dieser Lavadrache, der sich als Bösewicht für jedes Kinderspiel eignet. **schleich-s.com**

Für Trainspotter

2009 musste der Traditionshersteller Märklin Insolvenz anmelden, heute ist er wieder Marktführer für Modelleisenbahnen wie diese Güterzuglok »Krckodil«, ein Klassiker, der in verschiedenen Versionen seit den dreißiger Jahren hergestellt wird. Zum Firmensitz in Göppingen gehört auch die Erlebniswelt »Märklineum« mit – versteht sich von selbst – einer großen Modellbahnanlage.

Göppingen, Reuschstr. 6, maerklin.de

Um 1900 arbeiteten bereits 400 Menschen in der Firma in Giengen (ganz oben), die Margarete Steiff (links) 1880 gegründet hatte. Mittlerweile gibt es dort eine Erlebniswelt (rechts). Bis heute das Markenzeichen der Plüschtiere ist der »Knopf im Ohr« (unten)

GELIEBTE KUSCHELTIERE

Es waren einmal ein Mädchen und ein Bär

Es liest sich wie ein Märchen, das Leben der Margarete Steiff. Noch keine zwei Jahre alt, erkrankt sie an Kinderlähmung, ihre Beine sind fortan gelähmt. Doch früh nimmt sie ihr Leben selbst in die Hand: Sie lernt nähen und gründet eine Schneiderei. Als Margarete ein Schnittmuster für einen Stoffelefanten findet, der eigentlich als Nadelkissen gedacht ist, schneidet sie einen weichen Filzstoff zurecht und stopft das Tier mit Wolle aus: das erste Stofftier fürs Kinderzimmer. Ihr Neffe Richard, der 1897 in ihr Unternehmen eintritt, entwickelt einen Bären mit einem flauschigen Fell, dessen Arme und Beine beweglich sind: »55 PB« – 55 Zentimeter, Plüsch, beweglich – ist der erste Teddybär. In Giengen, dem Geburtsort von Margarete Steiff, eröffnete 2005 das Museum »Die Welt von Steiff«, das die über 135-jährige Geschichte des Unternehmens erzählt. In der Schaufertigung kann man außerdem dabei zusehen, wie Steiff-Tiere in Handarbeit hergestellt werden. Und es gibt einen Streichelzoo der besonderen Art: Kinder dürfen auf plüschigen Tigern reiten und mit riesigen Gorillas kuscheln.

Giengen an der Brenz, Margarete-Steiff-Platz 1, steiff.com

FOTOS: STEIFF (4), SCHLEICH, MÄRKLIN

YANNICK LANGE

Eigentlich war er auf dem Weg in die Alpen, doch wegen der Wettervorhersage entschied er sich für einen Umweg über die Schwäbische Alb. Eigentlich plante er dort dann bei Sonnenaufgang ein Foto des Pumpspeicherkraftwerks Gelms. Aber als Yannick Lange in diesem Sommer eine Stunde nach Sonnenaufgang an Ort und Stelle eintraf, stellte sich heraus, dass die entgegengesetzte Richtung die bessere Perspektive bot. Die mit einer Drohne gemachte Momentaufnahme zeigt wunderbar die sanfte Hügellandschaft der Alb. Und der Nebel habe »der ganzen Szenerie eine harmonische, mystische Stimmung« gegeben. Yannick Lange, 24, der vor Kurzem nach dem Master-Abschluss im Studienfach Wirtschaftsingenieurwesen von Leonberg nach Mosbach umzog, mag »das Unerwartete« an der Fotografie. Gut, dass er dafür auch bereit ist. Das zeichnet gute Fotografen aus!

»Die Aufnahme zeigt wunderbar die sanfte Hügellandschaft der Schwäbischen Alb.«

FOTOS: YANNICK LANGE, NIKLAS DESCHNER, KATHARINA OESTEN

DAS SAGT DIE JURY

Tanja Foley, MERIAN-Fotoredakteurin: »Wenn Caspar David Friedrich eine Drohne gehabt hätte, wäre vermutlich dieses Bild von ihm entstanden. Ganz märchenhaft hat Yannick Lange den sommerlichen Morgennebel über der Alb eingefangen und die leise Melancholie der Hügellandschaft festgehalten. Wenn ich auf dieses scheinbar bewegte Nebelmeer blicke, möchte ich genau dorthin. Gerade jetzt, in dieser Zeit, drückt dieses Bild meine Sehnsucht nach etwas heiler Welt aus.«

#05

The world
is reopening
Open up to
the World

JURASSIC

Die Schwäbische Alb ist eine urzeitliche Schönheit, entstanden vor rund 200 Millionen Jahren, geformt von Vulkanausbrüchen und Meteoriteneinschlägen. Auch heute ist sie voller Naturschauspiele – zum Glück ganz ohne T-Rex, der einen über die Hügel scheucht

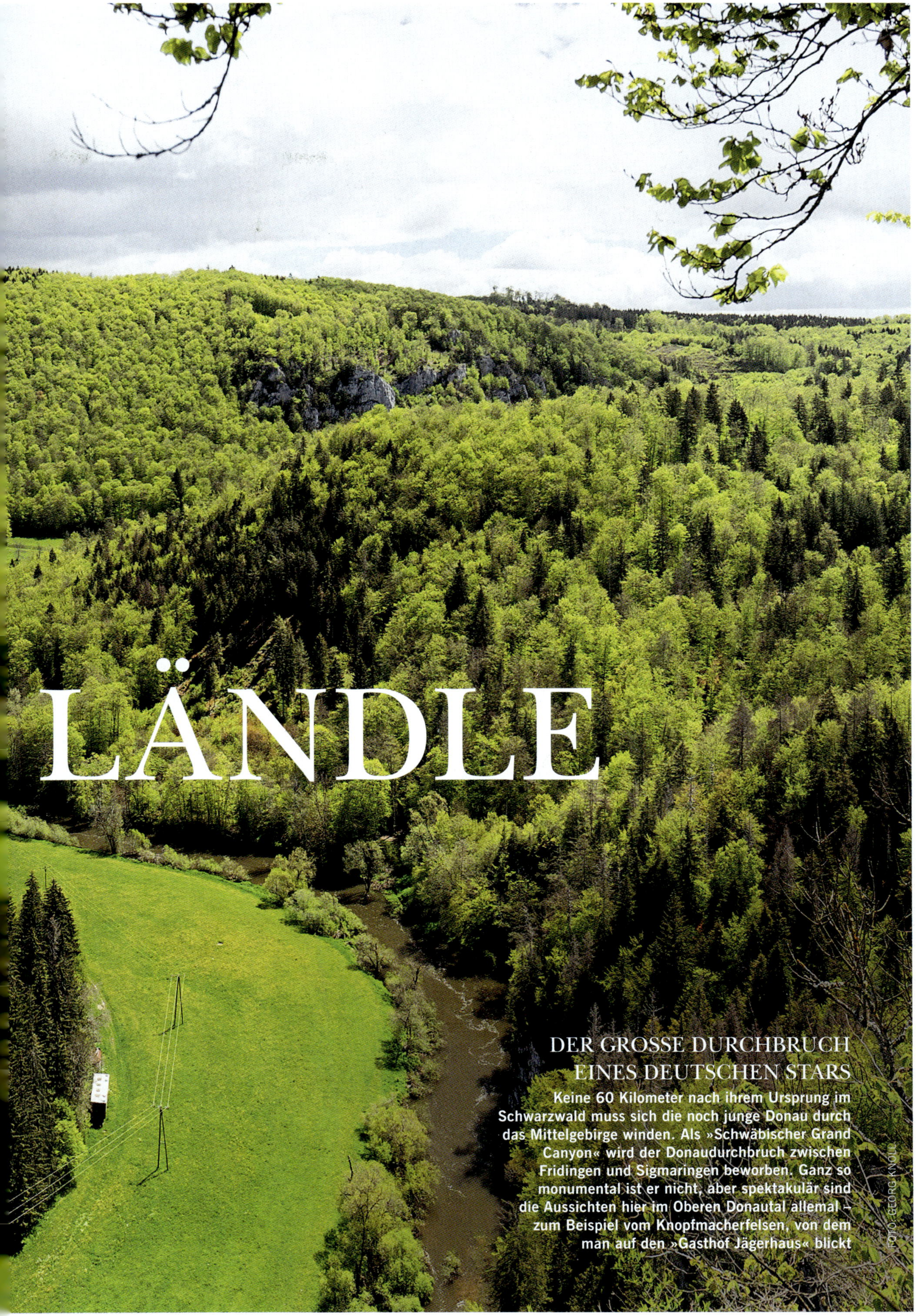

LÄNDLE

DER GROSSE DURCHBRUCH EINES DEUTSCHEN STARS

Keine 60 Kilometer nach ihrem Ursprung im Schwarzwald muss sich die noch junge Donau durch das Mittelgebirge winden. Als »Schwäbischer Grand Canyon« wird der Donaudurchbruch zwischen Fridingen und Sigmaringen beworben. Ganz so monumental ist er nicht, aber spektakulär sind die Aussichten hier im Oberen Donautal allemal – zum Beispiel vom Knopfmacherfelsen, von dem man auf den »Gasthof Jägerhaus« blickt

FOTO: GEORG KNOLL

WER IN DIESEM GLASHAUS SITZT, SPÜRT EIN STÜCK EWIGKEIT

Auch kleine Reste zeugen von der großen Geschichte des Römischen Reiches: Angeblich hat Kaiser Caracalla 213 auf seinem siegreichen Feldzug gegen die Germanen im heutigen Ostalbkreis den Limes überschritten. Ein zwölf Meter hoher Ehrenbogen soll bei Dalkingen an die ruhmreiche Tat erinnert haben. Zu sehen gibt es davon allerdings nur eine Visualisierung über den Ruinen der Grenzanlage, die seit 2010 durch ein Stahl-Glas-Konstrukt geschützt werden

FOTO: GEORG KNOLL

WO DIE KRAFT DER KUNST DIE GRÖSSTEN BAUTEN SCHAFFT

So sehr inspirierte Wilhelm Hauffs Roman »Lichtenstein« Wilhelm Graf von Württemberg, dass dieser Mitte des 19. Jahrhunderts auf den Grundmauern der Burg das neue Schloss Lichtenstein errichtete – als seine Verneigung vor dem Mittelalter. Im Kunstmuseum Reutlingen kann derweil kein Rahmen die Werke begrenzen, sie quillen über die Wände: Dieser riesige Gorilla bewacht etwa den Aufzug im Erdgeschoss

FOTOS: LUKAS SPÖRL, GEORG KNOLL

GENUG PLATZ FÜR GÖTTLICHE HÖCHSTLEISTUNGEN

Ulm gehört nicht direkt zur Alb – und ist sowieso eine Welt für sich. Aber allein wegen des gotischen Münsters lohnt sich ein Abstecher. Das imposante Wahrzeichen ist ein Rekordbau: Es trägt den Titel als Deutschlands größte evangelische Kirche, hält dazu mit 161,53 Metern den Rekord für den höchsten Kirchtum der Welt und beeindruckt schon in den Seitenschiffen durch seine schiere Größe

FOTO: LUKAS SPÖRL

BLAU MACHEN AN EINER BODENLOSEN SCHÖNHEIT

Dass der Blautopf unendlich tief sei, glaubte man einst genauso, wie daran, dass eine Nixe darin lebte. In einem von beiden steckt ein Körnchen Wahrheit: Die Karstquelle in Blaubeuren, die ihre charakteristische Farbe durch die Kalkpartikel im tiefen Wasser bekommt, ist nur der Ausgang eines mindestens 13 Kilometer langen Höhlensystems, das zum Teil noch unerforscht ist. Vor allem ist der Blautopf aber ein herrlicher Ort zum Entspannen – zum Beispiel an der historischen Hammerschmiede

FOTO: JÜRGEN FÄLCHLE/ADOBE STOCK

Cafe Walter

DEN WASSERFALL PREISEN UND AM BRUNNEN CHILLEN

Das Wasser hat die Schwäbische Alb, die vor allem aus Kalkgestein besteht, über Tausende Jahre geformt – und beschert ihr noch heute einige ihrer schönsten Schauspiele. So wie den Uracher Wasserfall, der 37 Meter in die Tiefe fällt, oder den vom Bildhauer Rudolf Kurz gestalteten Brunnen in Ellwangen, an dem man gerne mal die Füße ins kühle Nass hält

FOTOS: GEORG KNOLL, KEVIN KUREK

DREI HIMMLISCHE KUPPEN UND EINE HÖLLENWANDERUNG

Die Kaiserberge zwischen Schwäbisch Gmünd und Göppingen sind die letzten Reste eines großen Plateaus. Adliger Herkunft sind eigentlich nur zwei von ihnen: Auf dem Hohenstaufen (Mitte) und dem Rechberg (rechts) befanden sich Burgen, von denen heute noch Ruinen zu sehen sind. Und über alle drei Hügel, auch den Stuifen (links), führt eine 26 Kilometer lange Wanderung, deren Höhenprofil es in sich hat – jeder Kaiserberg ist rund 700 Meter hoch

FOTO: GEORG KNOLL

Durchs **Albenteuerland**

Wir schickten den Drehbuchautoren **Thorsten Kolle,** bekennendes Nordlicht und Wasserratte, in die Mittelgebirgsregion. Das Fazit seiner Entdeckungstour in unbekannte Gefilde: Er wird sicherlich wiederkommen

Knapp drei Stunden sind wir nun unterwegs. Papa-Sohn-Wandern. Goldener Oktobertag. Schreiten kräftig aus, zwischen Münsingen und Bichishausen, erst entlang von Feldern und Viehweiden, dann auf dem Wanderpfad durch Fichten- und Buchenwäldchen. Ein rot-goldenes Leuchten wiegt in den Baumkronen. Indian Summer auf der Alb. Viel schöner geht nicht. Hier federt der Boden, da braucht's keine Air-Max-Sohle. Die Luft schmeckt anders so weit oben, findet mein Sohn Mats. Er ist grad neun, also nicht alles glauben, was er sagt. Denn die rund 700 Höhenmeter sind ja nun noch kein Grund für ein Himalaya-erprobtes Sauerstoffgerät. Aber Mats ist ein Flachlandkind von der Ostsee und sein bisheriger Höhenrekord liegt auf dem heimischen Scheersberg, 70 Meter über dem Meeresspiegel. Er liebt Rekorde, nun hat er einen neuen, allein deshalb mag er die Schwäbische Alb. Und weil sie sein »Albenteuerland« ist, wie er es nennt.

Manchmal treffen Neunjährige mit ihrem Urteil dann doch den Nagel auf den Kopf. Marketingtechnisch wäre das kein schlechter Claim für dieses Gebiet, das so schwer zu fassen ist, allein, weil es viel größer ist als man denkt, etwa dreimal so groß wie das Saarland mit mehr als doppelt so vielen Einwohnern (nämlich rund 2,3 Millionen) – und das Saarland ist immerhin ein Bundesland.

Die Grenzen der Alb sind nicht vom Menschen gezogen, sondern von der Geologie bestimmt. Ein felsiges Mittelgebirge wie ein quer übers »Ländle« geschleuderter Klotz, der vor Jahrmillionen entstanden ist. Vulkanausbrüche und Meteoriteneinschläge, solche enormen Kräfte formten den Klotz. Hat's schon damals nicht leicht gehabt die Alb.

Der Mensch mit der Alb aber auch nicht. Dennoch siedelte er schon früh hier oben. Obwohl die Böden oft karg waren und nicht viel hergaben. Wenn die Natur den Menschen formt und nicht nur umgekehrt, entsteht ein zähes Völkchen. Ich versuche das meinem Sohn zu erklären, aber er winkt ab: »Weiß ich, Jungsteinzeit. Aber Jäger und Sammler sind cooler, und die waren schon früher hier.« »Aha«, mache ich und überlege, ob ich wohl lieber cooler Jäger oder Siedler gewesen wäre? Beides kein Zuckerschlecken, das steht mal fest.

Lohnenswert: Vom Aussichtspunkt der Burgruine Hohengundelfingen öffnet sich der Blick ins reizvolle Große Lautertal

FOTOS: MONIKA DITTOMBÉE, STEFFEN STEINHÄUSSER/TOURISTIK INFORMATION MÜNSINGEN

Aber ein Mangel zwingt auch zu besonderer Anstrengung. Oder zu Pfiffigkeit. Die Menschen hier hatten und haben beides. Beispiel Streuobstwiese. Viele Böden zwischen dem Albvorland und der Hochebene taugten nicht für den Ackerbau. Also nutzten sie sie als Weiden für ihr Vieh und pflanzten Obstbäume. In den kargen Zeiten lieferten deren Früchte wichtige Nährstoffe. Schattenspender gab's gleich inklusive. Und mit dem Holz der Bäume wurden die Backöfen beheizt. Bloß nichts wegwerfen, alles nutzen, was die Natur hergibt. Heute nennt man es nachhaltig wirtschaften. Früher war es einfach Notwendigkeit.

Mats ist sicher, dass ein weites Meer hinter der nächsten weiten, runden Bergkuppe wartet. Wie kommt er jetzt wieder auf so was? »Na, da hinten steht doch ein Leuchtturm!« Und in der Tat streckt sich dort ein Turm gen Himmel. Ein Blick auf die Wanderkarte erklärt ihn als Wasserturm von Dürrenstetten. Klar, ein Ort mit dem Namen braucht zwingend einen Wasserturm. Hier gibt's kein Meer, und die Wasserknappheit ist jahrhundertelang eines der größten Probleme gewesen für die Menschen hier, sage ich. »Doch. Hier war aber mal ein Meer«, besserwissert der Nachwuchs und verweist auf den Reiseführer, den ich ihm überlassen hatte. Ich blättere und muss ihm widerstrebend recht geben, jaja, aber das ist 150-200 Millionen Jahre her. Sohn triumphiert, Papa wünscht sich die Zeit zurück, als der Bengel noch nicht lesen konnte ...

Wir stapfen weiter, kurz vor unserem Tagesziel lockt uns ein Klettersteig mit alpinem Anspruch hinauf auf den Schachenberg. Mit traumwandlerischer Sicherheit tänzelt mein Ostsee-Sohn den steilen Hang hoch. Ich brauche etwas länger, aber ich schlepp' ja auch den Rucksack. Der Blick belohnt die Bergbezwinger: Bewaldete Bergkuppen, rund wie Gugelhupfe, dazwischen ein erstaunlich langes Tal, das dann passenderweise auch Großes Lautertal heißt. Gleich zu unseren Füßen liegen das niedliche Dörfchen Bichishausen, und die Große Lauter, die hier durchfließt, tröpfelt heute eher als kleine Lauter. Eine mittelalterliche Burgruine thront über dem Dorf. Mats ist sich sicher, dass dort das Kleine Gespenst und der Uhu Schuhu wohnen.

Die nächsten Tage im »Albenteuerland« lassen uns vollends zu »Älblern« werden: E-Bike-Touren durchs

Biosphärengebiet, Spätzle und Maultaschen in Landgasthöfen, Schlösser und Burgen von Staufern zu Hohenzollern, Nebelhöhle und Blautopf, die versickernde Donau. Am meisten fasziniert Mats der rund 40 000 Jahre alte, rätselhafte Löwenmensch (S. 36).

Mike Münzing lächelt, als wir ihm unsere Eindrücke schildern. Der 53-Jährige ist Vorsitzender des Tourismusverbandes Schwäbische Alb und Bürgermeister von Münsingen. Seit 24 Jahren, für die nächsten acht Jahre wurde er jüngst wiedergewählt. Die lange Amtszeit ist ein Rekord – mein Sohn freut sich, das zu hören. Die Namensähnlichkeit ist kein Zufall, Münzings Familiengeschichte auf der Alb lässt sich bis zu einem kaiserlichen Leibarzt »von Münzinger« zurückverfolgen. Die Münzings waren ganz offenbar gekommen, um zu bleiben. Und Ausdauer muss man hier haben. »Veränderungen, auch im Tourismus, funktionieren nur mit den Menschen hier«, weiß Münzing. Viel habe man außerhalb Baden-Württembergs nicht über diese Gegend, die doch eigentlich alles hat, gewusst. »Wer an den Schwarzwald denkt, hat sofort positive Bilder im Kopf, die Trachten, Kuckucksuhren, die Schwarzwaldklinik. Wer früher Schwäbische Alb hörte, hätte entweder gar keine Assoziationen oder einen Spruch auf den Lippen wie »halbes Jahr Winter, halbes Jahr kalt – das ist die Schwäbische Alb« gehabt.

Aus aller Welt kommen Delegationen und studieren das **nachhaltige Miteinander**

Mit Erfolg betreiben Münzing und seine Mitstreiter Imagekorrektur. Die Besucher- und Übernachtungszahlen steigen stetig, noch wichtiger als diese nackten Zahlen ist Münzing aber, »dass die Besucher etwas mitnehmen, etwas verbinden mit der Region«. Als er vor 24 Jahren davon sprach, »Zentrum zu werden von einer Vision: dem Biosphärenreservat Schwäbische Alb«, da haben sie schon etwas schmal geguckt, die Älbler. Und ein Landwirt stand auf und fragte ihn, ob er allen Ernstes glaube, dafür eine Mehrheit zu gewinnen? »Reservat? Wir sind doch keine Ureinwohner, die man morgens in Tracht vor die Tür setzt und abends, wenn die Gäste weg sind, wieder reinholt.«

Dabei ist die Geschichte der Schwäbischen Alb immer schon eine Geschichte vom Kommen und Gehen. Durch den Dreißigjährigen Krieg (1618 bis 1648) schrumpfte die Einwohnerzahl drastisch. Münsingen beispielsweise zählte vorher 3500 Einwohner, danach nur noch 23. Im Laufe der Jahrhunderte kamen, blieben und vermischten sich Tiroler, Franzosen, Italiener mit den wenigen Einheimischen. Münzing findet es gut, die angeblichen Ur-Schwaben gelegentlich daran zu erinnern, dass sich Migranten auch in ihren Familien-Stammbäumen wiederfinden.

Andererseits konnte die Alb mit ihren komplizierten Boden- und Klimaverhältnissen nur eine gewisse Anzahl von Menschen ernähren. Missernten führten zu Auswanderungswellen. Nicht nur in die USA und nach Kanada. In der sogenannten »Ulmer Schachtel«, einem einfachen, kastenartigen Bootstyp, emigrierten viele Älbler im 18. und 19. Jahrhundert über die Donau zum Schwarzen Meer. Heute würden die Nachrichten melden: Wirtschaftsflüchtlinge in überfüllten Booten.

Das Biosphärenreservat gibt es seit 2008, ein Jahr später hat die UNESCO es anerkannt – Mike Münzings Masterplan ist also aufgegangen. Allerdings heißt es hier nicht »Reservat«, sondern Biosphärengebiet. Aufgenommen in das Biosphärengebiet wird nur, wer ein entsprechendes Landschaftsbild vorweisen kann, etwa Hangbuchenwälder oder Wacholderheiden. Kernzonen gehören dazu, in denen nicht in die Natur eingegriffen wird, in denen keine Bäume gefällt, keine Flächen beackert werden. Dass man das mit den Bedürfnissen der hier lebenden Menschen in Einklang bringen kann, stellen die Älbler seit zwölf Jahren unter Beweis. »Inzwischen kommen Delegationen aus der ganzen Welt und gucken sich an, wie wir dieses nachhaltige Miteinander von Mensch und Landschaft hinkriegen«, berichtet Münzing nicht ohne Stolz, denn: »Zu lange hieß es hier – nicht geschimpft ist genug gelobt! Wir waren schlecht in der Selbstdarstellung und Vermarktung.«

Mittlerweile ist die UNESCO hier fast omnipräsent: Sie hat die Eiszeitkunst, die in einmaliger Form in den vielen Höhlen der Alb konserviert wurde, ebenso zum Weltkulturerbe erklärt wie den Limes, der auch auf der Alb das römische Weltreich vom germanischen Stammesgebiet trennte. Und dann gibt es da noch die Pfahlbauten des Steinzeitdorfes Ehrenstein, die wiederum zum »Welterbe prähistorische Pfahlbauten um die Alpen« gehören, sowie den UNESCO-Geopark Schwäbische Alb, der sich praktisch über die gesamte Region erstreckt und Einblicke gewährt in 200 Millionen Jahre Erdgeschichte.

Man will ja nun wirklich nicht andere Mittelgebirge schlecht machen, aber mal ehrlich: Das kann so schnell keiner aufbieten. Wir werden jedenfalls wiederkommen. Nächstes Mal im Winter. Mats hat gelesen, dass die Rodelbahnen und Langlaufloipen ebenfalls rekordverdächtigen Spaß versprechen. ■

Egal ob er für Dich riecht wie
DER ATEM DES MEERES
oder schmeckt wie
EINE LAWINE AUS TORF
Deinen ersten Laphroaig vergisst Du nie
1815
LAPHROAIG
ISLAY SINGLE MALT
SCOTCH WHISKY
AGED 10 YEARS
OPINIONS WELCOME™
DRINK SMART®

»JEDE LINIE IST GEWOLLT«

Die ersten Kunstwerke der Menschheit

TEXT **DELA KIENLE** FOTOS **LUKAS SPÖRL**

Vor über 35 000 Jahren entstanden auf der Schwäbischen Alb die ältesten bekannten figürlichen Kunstwerke und Musikinstrumente weltweit. Heute werden sie unter der Leitung des Tübinger **Archäologie-Professors Nicholas Conard** Stück für Stück wieder ausgegraben. Im MERIAN-Interview erzählt er von den Funden – und was sie über das Leben unserer Vorfahren verraten

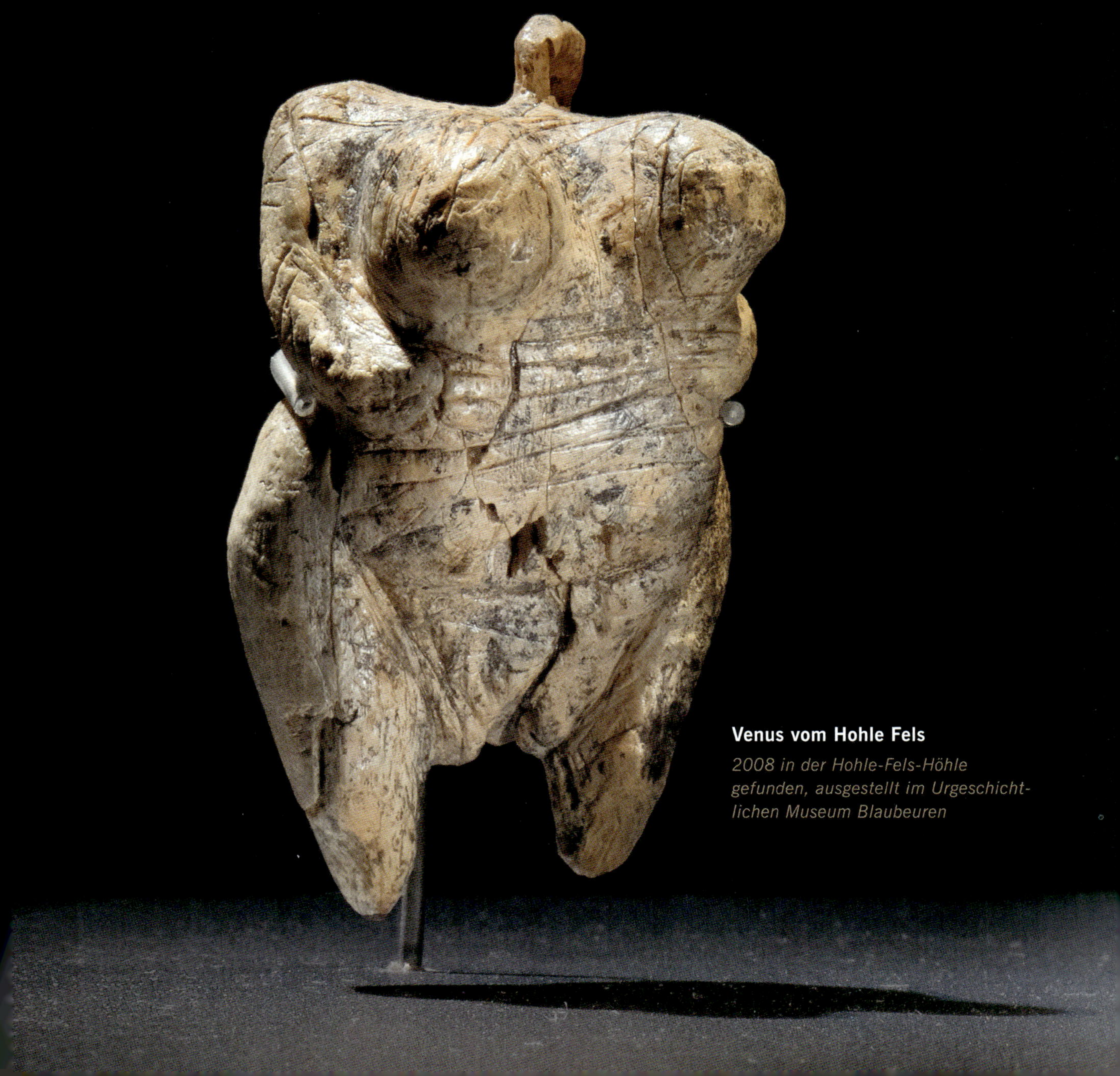

Venus vom Hohle Fels

2008 in der Hohle-Fels-Höhle gefunden, ausgestellt im Urgeschichtlichen Museum Blaubeuren

B

Beinahe im Jahrestakt entdeckt das Team um Nicholas Conard Sensationen: die vollbusige Venus vom Hohle Fels, Elfenbeinfiguren von Mammuts und Löwenmenschen, aufwendig verzierte Perlen und die allerersten Flöten. Seit 2017 zählen sechs Höhlen im Ach- und Lonetal und die dort gefundenen Kunstwerke aus der Altsteinzeit zum Weltkulturerbe der UNESCO. Die Funde haben den Archäologen Conard weltberühmt gemacht. Manche sind direkt an seinem Arbeitsort ausgestellt, dem Schloss Hohentübingen. Dort plant er nach wie vor weitere Grabungen auf der Alb. Denn er ist sicher, dass in den schwäbischen Höhlen noch mehr urzeitliche Schätze schlummern.

MERIAN: Viele Menschen sind überrascht, dass es Kunstwerke gibt, die rund neun Mal so alt sind wie die Pyramiden. Aber die schwäbischen Höhlenbewohner waren eben keine Primitivlinge, sondern haben uns bereits geähnelt, nicht wahr?

NICHOLAS CONARD: Die Lebensumstände waren in der Eiszeit natürlich völlig anders. Aber die Menschen damals waren wohl geistig genauso entwickelt wie wir. Sie haben uns nicht nur geähnelt – sondern sie waren gleich. Und einige unter ihnen waren echte Künstler. Was ist der Unterschied zwischen einem Vogelherd-Mammut und einem Michelangelo? Nichts!

Dass wir so viel über die Eiszeit-Kunst wissen, haben wir auch Ihnen und Ihrem Team zu verdanken. Sie sind 1995 als Archäologie-Professor nach Tübingen gekommen. Haben Sie damals damit gerechnet, dass Sie auf der Schwäbischen Alb echte Weltsensationen finden würden?

Meine Erwartung war: Ich gehe zur Arbeit, mache meinen Job, und wenn ich das konsequent auf hohem Niveau mache, wird alles gut. Genau so ist es gekommen.

Trotzdem ist es erstaunlich, wie häufig Ihr Team etwas Bedeutendes entdeckt. Was ist Ihr Erfolgsgeheimnis?

Vielleicht machen manche Kollegen weniger Geländearbeit als ich – und wollen sofort Ergebnisse sehen. Mein Team und ich haben es nicht eilig. Wir arbeiten exakt und sind bereit, bei den Grabungen großen Einsatz zu bringen. Außerdem kenne ich mein Fach wirklich sehr gut. Vermutlich treffe ich gute Entscheidungen, wenn es darum geht: Wo lohnt sich unser starker Einsatz?

Besonders viele Schätze haben Sie in der Höhle Hohle Fels im Achtal gefunden. An der führt heute eine Variante des Donauradwegs vorbei, es gibt eine Wiese mit Grillplatz, und drum herum wächst ein Mischwald. Wie sah es hier vor 40 000 Jahren aus, während der Kultur des Aurignacien?

Stellen Sie sich eine offene, breite Graslandschaft vor: die Mammutsteppe. An geschützten Stellen wie im Achtal wuchsen auch kleine Bäume wie Birken und Weiden. Die Menschen hatten also durchaus ein bisschen Holz, das sie verfeuern konnten. Sie jagten hier häufig Pferde, Rentiere und Steinböcke. Aber es gab auch Mammuts, Wollnashörner, Wisente und Moschusochsen sowie Raubtiere wie Hyänen, Wölfe und Löwen. Glauben Sie nicht, dass die Eiszeit ungünstig war, bloß weil es kalt war! Natürlich brauchten die Menschen vernünftige Kleider, Technik und Verstand… Aber sie kamen damals gut zurecht.

Nicholas Conard, *geboren 1961 in Cincinnati, forscht seit mehr als 25 Jahren als Professor für Ältere Urgeschichte und Quartärökologie an der Universität Tübingen. Seine Funde in den Höhlen der Schwäbischen Alb machten den US-Amerikaner zu einem der bekanntesten Archäologen der Welt. Das Bild zeigt ihn mit Fundstücken in seinem Arbeitszimmer auf Schloss Hohentübingen. Er verantwortet nicht nur Ausgrabungen auf der Schwäbischen Alb und in Schöningen, sondern auch Projekte in Südafrika, Syrien und im Iran. Conard engagiert sich außerdem als Direktor des Urgeschichtlichen Museums in Blaubeuren, des Archäoparks Vogelherd in Niederstotzingen und des neuen Eiszeit-Forschungsstudios Hohle Fels*

Lehrsammlung: Insitut für Ur- und Frühgeschichte der Universität Tübingen
Abteilung für Ältere Urgeschichte und Quartärökologie
Fund-Nr.: Tü 11 / 3 51
and.Fund-Nr. :
Fundgattung: sekundäre, einseitige Kernkantenklinge

Löwenmensch

1939 in Fragmenten in der Stadel-Höhle gefunden, bis 2013 zusammengefügt, ausgestellt im Museum Ulm

Kleiner Weltstar
Die aus Mammutelfenbein geschnitzte Löwenmensch-Statuette ist Höhepunkt der archäologischen Sammlung im Museum Ulm

Dabei war Homo sapiens eigentlich ein Neuankömmling auf der Schwäbischen Alb, nicht wahr?

Genau. Sie wissen sicher, dass sich der moderne Mensch in Afrika entwickelt hat. Aber wie alle Lebewesen hat er seine Grenzen ausgetestet und ist in andere bewohnbare Regionen gezogen. Vor ungefähr 50 000 Jahren begann Homo sapiens in Europa, ziemlich rasch und radikal die Neandertaler zu verdrängen, also die archaische Menschenart, die schon lange vor ihm dort lebte. Doch der moderne Mensch war nicht nur biologisch erfolgreich, sondern hat zur selben Zeit auch ungeheure technische und kulturelle Sprünge gemacht. Die Anfänge von Kunst, Musik, Religion... Solche Innovationen können wir mit unseren Funden belegen!

Sie und Ihr Team haben 2008 die Venus vom Hohle Fels ausgegraben. Es ist die älteste Frauenfigur der Welt – eine Sensation!

Ja, das war spannend! Das Hauptstück hat eine Schweizer Studentin entdeckt, und dann haben wir über mehrere Tage weitere Fragmente gefunden. Wir haben ganz genau gegraben und das Sediment mit Hilfe von Wasser durchsiebt. Das letzte Stück war eine der Brüste, die die Darstellung bedeutend vervollständigt hat.

Tatsächlich sind die Geschlechtsmerkmale sehr auffällig: üppige Brüste und eine Vulva mit betonten Schamlippen zwischen gespreizten Beinen. Manche Ihrer Kollegen sprechen im Zusammenhang mit der Figurine von Erotik und Pornografie.

Ich halte das für Unsinn! Hier steht nicht Sex im Vordergrund, sondern Fruchtbarkeit – obwohl das eine natürlich zum anderen gehört. Aber Fruchtbarkeit besitzt so viele Dimensionen! Ich könnte mir vorstellen, dass wir eine Frau kurz nach der Geburt sehen. Dazu passt doch auch, wie viel Mühe sich der Künstler beim Schnitzen der perfekten Hände gegeben hat. Ohne Hände und Arme kann man kein Kind wiegen oder stillen. Es ist harte Arbeit, Elfenbein mit Feuerstein-Werkzeugen zu bearbeiten. Deshalb ist jede Linie und eben auch ein Merkmal wie die feinen Hände absolut gewollt. Übrigens finde ich die positive Ausstrahlung unserer Figurine bemerkenswert! Viele andere Frauenfiguren wirken zurückhaltend, manchmal fast depressiv. Die Figurine vom Hohle Fels hingegen trägt den Spitznamen »Frau Fröhlich«.

»Der Löwenmensch zeigt, dass es schon vor 40 000 Jahren auf der Schwäbischen Alb eine spirituelle Vorstellungswelt gab, ein Jenseits, in dem eine Mischgestalt aus Mensch und Löwe existierte.«

Dicht neben dem Fundort drängeln sich jeden Tag Schulklassen. Die Hohle-Fels-Höhle kann von jedem besichtigt werden. Haben Sie nicht manchmal Angst, dass Touristen etwas Wertvolles zerstören könnten?

Ach, nein. Die Wege sind markiert, und das Erdreich dort ist stark zusammengepresst. Und wir arbeiten in einem tiefen Loch, bis zu fünf Metern unterhalb der Besucher. Ist doch klasse, dass jeder unsere Arbeit aus der Nähe miterleben kann!

Sie haben sogar in der Abraumhalde eines Vorgängers spektakuläre Funde gemacht. In den 1930er Jahren wurde Grabungsschutt direkt auf den Hang vor der Vogelherdhöhle gekippt. Ihr Team hat dort mehrere übersehene Elfenbeinfiguren gefunden... zum Beispiel ein kleines Mammut.

Das Mammut ist wirklich eine künstlerisch sehr gelungene Figur – und sie war nach 40 000 Jahren noch vollständig erhalten! Es gab mehrere Zeitungen, bei denen unser Mammut die komplette Titelseite bedeckt hat, weil es so unendlich schön ist.

Zu welchem anderen Kunstwerk aus der Eiszeit haben Sie eine besondere Beziehung?

Puh, das ist schwierig, weil es so viele gibt. Vielleicht verbindet mich besonders viel mit dem kleinen Löwenmenschen vom Hohle Fels...

Das ist eine Miniaturausgabe des berühmten großen Löwenmenschen, der schon 1939 im Lonetal entdeckt wurde. Der kleine Löwenmensch kam

im rund 40 Kilometer entfernten Achtal ans Tageslicht.

Genau. Dort habe ich ihn vor rund 20 Jahren selbst gefunden, an einem sonnigen Junitag in der Mittagspause. Ich weiß noch genau, wie ich im Garten des Grabungshauses die neuen Elfenbeinfunde durchgeschaut habe: Niemand hatte das unscheinbare Figürchen bis dahin bemerkt, denn es sah erst mal aus wie ein winziges Stück Dreck. Aber ich habe es sofort als kleinen Löwenmenschen erkannt. Das war ein echter Heureka-Moment! In derselben Sekunde wurde mir nämlich klar, dass wir bereits von früheren Grabungen einen dritten Löwenmenschen besaßen, auch wenn wir dieses Mischwesen bis dahin anders gedeutet hatten: ein kleines Elfenbeinrelief namens »Adorant«. Wenn man etwas wie einen Löwenmenschen drei Mal in drei verschiedenen Höhlen findet, ist das kein Zufall, sondern hat System.

Die Löwenmenschen zeigen also, dass die Urschwaben im Lone- und Achtal eine gemeinsame geistige Vorstellungswelt hatten, eine Art Religion?

Für mich ist das offensichtlich. Die Menschen vor 40000 Jahren hatten ein Glaubenssystem und haben sich auch eine Vorstellung vom Jenseits gemacht – von einer Welt, in der eine Umwandlung zwischen Mensch und Löwe möglich war. Für viele meiner Kollegen ist das ein erster Beweis für Schamanismus. In jedem Fall wurde mit dem Löwenmenschen erstmals eine Figur geschaffen, die nicht einfach nur die Realität abbildet… sondern eine Vorstellung, die nur im Kopf der Menschen existierte. Das entspricht einer Wende in der Menschheitsgeschichte.

Wohl niemand würde abstreiten, dass Venus, Mammut und die Löwenmenschen nicht nur sehr alt sind – sondern Kunstwerke. Aber die Definition ist alles andere als einfach. Was macht für Sie denn echte Kunst aus?

Genau das habe ich vor vielen Jahren die bekannte Kunsthistorikerin Elisabeth Kieven gefragt, bei einem Spaziergang hier in Tübingen. Ich weiß noch gut, was sie geantwortet hat: »Ach, Herr Conard, auf diese Frage gibt es keine vernünftige Antwort! Einer spuckt auf die Leinwand und nennt es Kunst – und andere sagen, Michelangelo habe nur Auftragsarbeit gemacht!« In jedem Fall sehe ich überhaupt keine Unterschiede, wenn man die Qualität von heutiger Kunst und Musik mit dem vergleicht, was die Menschen in der Eiszeit geschaffen haben.

Warum findet man ausgerechnet auf der Schwäbischen Alb so viel frühe Kunst? Waren die Menschen hier besonders kreativ?

Die Erhaltungsbedingungen in den Höhlen hier sind besonders gut. Und wir haben eine prächtige Forschungstradition. Tübingen ist seit mehr als 100 Jahren eine Hochburg der Eiszeit-Forschung. Zumindest in Deutschland gibt es wohl keine andere Region, in der so konsequent diese Art von Forschung stattfand.

Glauben Sie denn, dass es auf der Schwäbischen Alb eine Art »Urknall der Kunst« gegeben hat – und dass sich die Kultur von hier aus in alle Welt verbreitet hat?

Manche Kollegen vertreten diese Hypothese. Und tatsächlich finde ich, dass wir im Moment die besten Belege für den Beginn von Kunst, Musik und Religion haben. Aber trotzdem halte ich es für wahrscheinlicher, dass ähnliche Entwicklungen an vielen Stellen auf der Welt stattfanden – nur sind sie dort eben nicht so gut dokumentiert.

In den letzten Jahren gab es Berichte, dass Höhlenbilder von der indonesischen Insel Sulawesi womöglich älter seien als alle europäischen Kunstwerke. Was halten Sie davon?

Ich bin überhaupt nicht kleinlich und freue mich über spannende Entdeckungen aus aller Welt. Aber die Fachwelt ist zurückhaltend, wenn es um die indonesischen Funde geht. Die Datierungsmethode, die dort benutzt

»Das 1931 ausgegrabene Vogelherd-Pferd ist Symbol unseres Instituts. Es ist einer der bedeutendsten frühen Beweise, dass die ersten modernen Menschen in Europa wunderschöne Kunstwerke fertigen konnten.«

»Vom Wasservogel fanden wir zuerst nur den Körper. Erst durch den Fund des Kopfes glaubte man mir, dass es ein Vogel ist. Er widerlegte die These, dass damals nur aggressive, kräftige Tiere dargestellt wurden.«

Wildpferd

1931 in der Vogelherdhöhle gefunden, ausgestellt im Museum der Universität Tübingen

Wasservogel

2001 und im Folgejahr in der Hohle-Fels-Höhle gefunden, ausgestellt im Urgeschichtlichen Museum Blaubeuren

Flöte aus Mammutelfenbein
2003 aus Fundstücken aus der Geißenklösterle-Höhle fertig zusammengesetzt, ausgestellt im Urgeschichtlichen Museum Blaubeuren

»Rund 100 Stunden mussten unsere Vorfahren für eine solche Elfenbeinflöte schuften. Mir zeigen diese Instrumente, dass die Menschen damals in der Lage waren, wirklich alles aus Elfenbein herzustellen.«

Fundstelle von Weltrang
Die Vogelherdhöhle lässt sich besichtigen, darum herum macht ein Archäopark die Steinzeit erlebbar

FOTOS: LUKAS SPÖRL, VOLKER RENNER (2)

»Das kleine Mammut aus der Vogelherdhöhle ist so gelungen und perfekt, dass es die Magie seiner Zeit noch stärker transportiert als die anderen Funde. Sicher auch, weil das Mammut als Tier ein Symbol ist für die Steinzeit.«

Kleines Mammut
2006 gefunden in der Vogelherdhöhle, ausgestellt im Archäopark Vogelherd

wurde, ist umstritten und wurde von nur einem einzigen Labor durchgeführt. Außerdem fehlen mir die archäologischen Argumente. Bei unseren schwäbischen Fundplätzen – ebenso wie etwa in Frankreich, Spanien oder Südafrika – haben Grabungen ein ganzes Universum an Informationen über die frühen Menschen und ihr Leben erbracht. Die gefundenen Kunstwerke passen perfekt dazu. Aber auf Sulawesi gibt es eben nur erstaunlich gut erhaltene bemalte Wände und ansonsten keine Hinweise auf die dort lebenden Menschen. Das ist alles noch nicht adäquat untersucht.

Kein Zweifel besteht in jedem Fall, dass Sie auf der Alb die ältesten erhaltenen Musikinstrumente entdeckt haben. Wie sehen diese Flöten aus?

Zum einen sind das Flöten, die aus den Flügelknochen von Schwan und Gänsegeier geschnitzt wurden. Die Knochen sind natürliche Hohlformen, in die die Musikingenieure drei, vier, fünf Grifflöcher geschabt haben. Aber es gibt noch einen anderen Typus, und der hat mich ungeheuer überrascht: Flöten aus Elfenbein! Die ergeben doch eigentlich überhaupt keinen Sinn! Mammutelfenbein hat eine Spiralform und ist massiv. Wer daraus eine Flöte machen will, muss erst mal eine grobe Form herstellen. Dann muss er die aufspalten, muss die beiden Hälften mühsam aushöhlen, an den richtigen Stellen die Grifflöcher schneiden – und das Ganze dann wieder zusammenkleben und dichtmachen.

Klingt aufwendig.

Absolut! Wer Ahnung hat, kann eine Knochenflöte in wenigen Stunden schnitzen. Aber für eine Elfenbeinflöte musste der Künstler oder die Künstlerin rund hundert Stunden schuften. Mir zeigen diese Flöten, dass die Menschen damals in der Lage waren, wirklich alles aus Elfenbein herzustellen! Ich betrachte diese Periode als sowas wie die Elfenbeinzeit.

Sie haben manche Flöten originalgetreu nachbauen lassen. Wie klingen sie für unsere Ohren?

Sie klingen wundervoll – ob Knochen- oder Elfenbeinflöte! Die Musik damals war bereits perfekt. Im Grunde könnten Sie jedes Lied auf diesen Flöten spielen. Draußen, in der windigen Steppe, hatte eine kleine Flöte sicher wenig Wirkung. Aber stellen Sie sich die Akustik in den Höhlen vor, in der riesigen Halle vom Hohle Fels. Das war wie ein Konzertsaal! Und wo Menschen Flöte spielten, gab es garantiert auch Gesang und Tanz. Wo ein Höhlenfeuer flackerte, gab es Schattenspiele und Erzählungen. Da ist man bei einem Gesamtkunstwerk! Solche Erfahrungen haben die Menschengruppen zusammengeschweißt.

Schade, dass wir keine Zeitreise in die Vergangenheit machen können!

Ich glaube, dass Sie sich unter Neandertalern noch ziemlich fremd gefühlt hätten, weil ihre Art zu kommunizieren vermutlich etwas anders war als unsere. Aber wenn Sie zu Homo sapiens auf die Schwäbische Alb zurückreisen könnten, würden Sie dort nach einiger Zeit sicher gut zurechtkommen. Natürlich müssten Sie viele Techniken und die damalige Sprache lernen. Aber prinzipiell war das Leben dieser Menschen gleichwertig mit unserem. Ich bewundere wirklich, wie kompetent und erfindungsreich sie waren und wie souverän sie ihr Leben in der Eiszeit-Landschaft gemeistert haben.

Gibt es denn etwas, was Sie aus der damaligen Zeit noch gerne finden würden?

Was noch da ist, ist da – darauf habe ich keinerlei Einfluss. Ich kann nur mehr oder weniger arbeiten. Und die bisherigen Funde haben meine Erwartungen derart übertroffen, dass ich eigentlich keine offenen Wünsche habe. Aber wer weiß, welche Überraschungen uns noch erwarten? Am Hohle Fels graben wir seit 25 Jahren – und wir werden dort vermutlich weitermachen, solange ich hier Professor bin.

Die Urzeit erleben

Eine Reise auf die Alb lohnt sich schon wegen der **Funde aus der Steinzeit.** Die kleinen, kunstvollen Objekte sind in mehreren Museen zu sehen

Die Höhlen am Südrand der Schwäbischen Alb gehören zu den weltweit wichtigsten Fundstellen von Objekten aus der Steinzeit. Neben mehreren Museen, in denen Eiszeit-Kunst gezeigt wird, lassen sich auch manche der Höhlen besuchen. Zu den Höhepunkten zählt der Hohle Fels bei Schelklingen, der von Mai bis Oktober besichtigt werden kann. Eine Reise noch weiter zurück in der Erdgeschichte ermöglichen die zahlreichen Fossilien, die in dieser Region entdeckt wurden und immer noch werden.

museum-schelklingen.de/hohle-fels
weltkultursprung.de

ARCHÄOPARK VOGELHERD

Um die berühmte Vogelherdhöhle, in der unter anderem das Vogelherd-Pferd gefunden wurde, ist ein Park entstanden, der kindgerecht über das menschliche Leben in der Eiszeit informiert – inklusive Mitmach-Angeboten wie Speerwerfen und Feuermachen. Ausgestellt sind auch zwei Fundstücke: eine Mammut- und eine Höhlenlöwenfigur.

Niederstotzingen-Stetten, Am Vogelherd 1
archaeopark-vogelherd.de

MUSEUM DER UNIVERSITÄT TÜBINGEN – ALTE KULTUREN

Schon das Schloss Hohentübingen, in dem Professor Nicholas Conard sein Büro hat, ist einen Besuch wert. Das darin untergebrachte Museum macht es zu einem Highlight der Region. Exponate wie der »Tübinger Waffenläufer«, die antike Statuette eines griechischen Athleten, führen immer weiter zurück in die Vergangenheit, bis hin zu den Anfängen menschlicher Kreativität. Die Preziose unter den Eiszeit-Figuren ist das Vogelherd-Pferd, doch andere Fundstücke wie die Darstellung eines Mammuts und eines Wisents sind ebenso faszinierend.

Schloss Hohentübingen: Tübingen,
Burgsteige 11, unimuseum.uni-tuebingen.de

MUSEUM ULM

Berühmt ist das Haus direkt am Marktplatz für die 1939 in der Stadel-Höhle gefundene Figur des Löwenmenschen. Die Sammlung birgt aber noch viele andere sehenswerte Schätze, etwa eine Kette aus Fischzähnen, spätgotische Skulpturen und moderne Grafiken.

Ulm, Marktplatz 9, museumulm.de

URGESCHICHTLICHES MUSEUM BLAUBEUREN

Bis zu 40 000 Jahre alt sind die Funde, die hier im ersten Stock präsentiert werden. Star der Ausstellung ist die Venus vom Hohle Fels, die älteste Frauenfigur, die bisher gefunden wurde, außerdem sind ein winziger Löwenmensch, ein filigraner Wasservogel, ein Pferdekopf und ein Phallus sowie Flöten aus Mammutelfenbein und Gänsegeierknochen zu sehen. Die Ausstellung im Erdgeschoss informiert über das Leben der Eiszeitmenschen im Urdonautal und über die Arbeitsweise in der Archäologie. Spannend ist auch der wechselnde »Fund des Jahres«, die Reihe macht deutlich, dass auf der Alb noch längst nicht alles ausgegraben wurde. Die Website des Museums gibt eine gute Übersicht über die Höhlen, in denen Steinzeit-Objekte gefunden wurden. Manche sind frei zugänglich, manche durch Gitter gesichert.

Blaubeuren, Kirchplatz 10, urmu.de

Fossilien finden

Hobby-Archäologen können auf der Alb auf Fossiliensuche gehen. Klopfplätze finden sie etwa im Schieferbruch Kromer nahe Ohmden oder bei Dormettingen, wo ein Steinbruch zum Erlebnispark umgestaltet wurde. Im nahen »Werkforum« hat die Firma Holcim auch ein kostenlos zugängliches Fossilienmuseum eingerichtet. Hammer und Meißel mitbringen muss man zum Klopfplatz auf dem Geologischen Lehrpfad bei Nusplingen (2 bis 10 Kilometer). Infos: geopark-schwaebische-alb.de

Schieferbruch Kromer Ohmden
schieferbruch-kromer.de

Schiefererlebnis Dormettingen
Schiefererlebnis 1, schiefererlebnis.de

Fossilienmuseum Dotternhausen
Dormettinger Str. 23 (im Zementwerk)
holcim.de/de/fossilienmuseum

URWELT-MUSEUM HAUFF

Zu sehen sind sehr gut erhaltene Fossilien von Tieren, die vor rund 180 Millionen Jahren an und im tropischen Meer lebten, das hier einst wogte. Neben Meeres- und Flugsauriern gehört dazu auch eine über 100 Quadratmeter große Seelilienkolonie. Das Museum geht auf die präparierten Funde von Bernhard Hauff sen. (1866-1950) zurück und wird bis heute von Familie Hauff geführt. Zu den Highlights für Kinder gehören die lebensechten Dino-Nachbildungen. Die Hauffs verkaufen auch Versteinerungen wie Ammoniten, die hier aus dem Schiefer herausgearbeitet wurden.

Holzmaden, Aichelberger Str. 90
urweltmuseum.de

IMMER DEN SCHAFEN NACH

Sieben Tage lang ist MERIAN-Autorin **Andrea C. Bayer** auf dem Albschäferweg über die Ostalb gegangen. Auf fast 200 Kilometern hat sie die archaische Landschaft ihrer Kindheit neu kennengelernt, in urigen Wagen ganz nah an der Natur übernachtet und etliche besondere Begegnungen gehabt

FOTOS **GEORG KNOLL**

Abenteuer im Osten der Schwäbischen Alb: Die Autorin wandert bei Steinheim durch eine von einem Meteoriteneinschlag geprägte Landschaft

Tradition auf vier Beinen: Die Wanderschäferei prägt die Alb seit dem 15. Jahrhundert und gehört heute zum Immateriellen Kulturerbe

1 Schaftrieb bei Giengen: Florian Feußner mit seiner Herde **2** Hohe Bäume spenden im Wald bei Dischingen willkommenen Schatten **3** Pausenplatz mit Ausblick und Geschichte: die Burgruine Kaltenburg

Es ist Mittag; die Junisonne brennt und Florian Feußner lehnt am Ufer der Brenz auf seinem hellhölzernen Schäferstab. Die Schafe sind unten am Wasser. Ein paar Ziegen stehen auf den Hinterbeinen im Gebüsch, recken die Hälse so weit es irgend geht nach oben und rupfen Blätter von den Sträuchern. Dieser Teil der Landschaftspflege ist ihr Job: »Ziegen gehen, anders als Schafe, auch an die Büsche«, erklärt Feußner. »Sie wirken so der Verbuschung entgegen, und das gibt für mich etwas Geld extra.«

Schon als Sechsjähriger war für Florian Feußner klar, dass er Schäfer werden will. Heute ist er 37, Schäfermeister und seit rund fünf Jahren selbstständig. Seine Herde umfasst 450 Mutterschafe, 350 Lämmer und 30 Ziegen. Was er und seine Wanderschäferkollegen auf der Schwäbischen Alb an 365 Tagen im Jahr tun, ist kein romantischer Zeitvertreib, sondern harte Arbeit, die sein muss, um Lebensraum auf Heideflächen, in Wiesentälern und entlang von Waldrändern zu erhalten und teilweise auch zu erschaffen. Zwei- bis dreimal pro Jahr zieht Feußner mit der Herde durch die Pachtgebiete, für die er verantwortlich ist. Heute aber geht es auf die Weide eines Kollegen. »Klar, man hilft sich schon mal gegenseitig«, erzählt Feußner. »Aber eigentlich macht jeder so seins.«

Auch ich mache hier gerade »so meins«, an diesem inzwischen dritten Tag auf dem Albschäferweg. Schon lange stand der auf meiner Wunschliste von Vorhaben, um den Kopf frei zu kriegen und Abstand vom Schreibtisch zu gewinnen. Einfach mal kurz raus, mit dem nötigsten Hab und Gut auf dem Rücken und Neugier im Kopf. Darauf, wie es sich anfühlt, eine Woche lang alleine durch meine alte Heimat zu wandern. Auch eine gehörige Portion Respekt vor dem, was diese Landschaft, ihre Menschen und Geschichten mit mir machen, schwingt mit. Denn egal, wie weit ich reise und wo sich mein Herz gerade zu Hause fühlt: Heimat bleibt Heimat. Und meine Heimat ist eben die Ostalb. Kalkstein und sakrale Prachtbauten. Ein mittelgebirgiger Landstrich mit bewaldeten Höhen und Flusstälern, deren Charakter sich zwischen Morgennebeldunst und Abendsonnenkitsch unzählige Male verändert. Felsen und Fossilien zeugen hier vom Meer der Urzeit, Burgen und Schlösser von Wohlstand und Bedrohung, während mich Dolinentäler und Höhleneingänge erahnen lassen, was da tief unter mir so alles los ist.

Richtig davon überzeugen kann ich mich am vierten Tag, an dem ich mit Höhlenforscherin Susanne Prechtel verabredet bin. Rund 85 Kilometer habe ich schon in den Beinen, als

3

ich an diesem Morgen starte. Ein bisschen später als geplant: Ich will mir vor dem Höhlen-Treffen unbedingt noch die Schwarze Madonna in der Wallfahrtskirche Mariä Himmelfahrt in Stetten anschauen. So ein kleiner Kulturabstecher ist jetzt genau das Richtige nach ganz viel Natur an den ersten drei Tagen, an denen ich vom Moldenberg bei Heidenheim über Nattheim, Neresheim, Burg Katzenstein und die Steiff-Stadt Giengen nach Stetten gewandert bin: mit gelbem Hahnenfuß, rotem Klatschmohn und blauen Lupinen am Wegesrand, mit Picknick auf einer weißen Margeritenwiese und dem schönen Gefühl, einfach unterwegs zu sein. Ich habe meinen Blick über die grünen Wiesen des Härtsfelds streifen lassen, habe sommerregenfrische Luft im Wald kurz hinter Dischingen genossen und mich auf einer bequem geschwungenen Holzliege an der Zöschinger Kapelle, wo es auch eine kleine Kneippanlage gibt, ein wenig ausgeruht.

Nun ist es also Zeit für einen Ausflug in die Unterwelt: Zusammen mit Susanne Prechtel spaziere ich in die konstant acht bis neun Grad warme Charlottenhöhle. 532 Meter geht es hinein, bei hundert Prozent Luftfeuchtigkeit und schummrigem Licht. Wir stehen im Paulinendom, einer

»Mein Lieblingsmoment: Wenn die Schafe fressen und ich in Ruhe unter einem Baum stehen und sie beobachten kann«

FLORIAN FEUSSNER

1

2

1 Begehbare Unterwelt: Die Charlottenhöhle lässt sich schon seit 1893 besuchen **2** Die »Steinernen Jungfrauen« sind ein markanter Wegpunkt im Eselsburger Tal **3** Traditionell übernachten: die Autorin in einem Wetterschutzwagen in Stetten **4** Von der Domäne Falkenstein aus hat man einen Traumblick auf den Lauf der Brenz

rund zwölf Meter hohen Halle, passieren die Zwergengrotte und den Göttersaal. In dieser unterirdischen Wunderwelt voller bizarrer Formen verliere ich jegliches Zeitgefühl. »Die Höhle ist noch relativ jung«, sagt Susanne Prechtel und meint damit ein Alter von zweieinhalb bis drei Millionen Jahren. Ich begreife: Schnell geht im Jungspund Charlottenhöhle, benannt nach Königin Charlotte, welche die Höhle gleich im Entdeckungsjahr 1893 besuchte, gar nichts. An die hundert Jahre dauert es, bis Versinterungen wie Stalagmiten und Stalaktiten etwa einen Kubikzentimeter an Größe zulegen.

So lange wird es hoffentlich nicht dauern, bis das Forscherteam um Susanne Prechtel herausgefunden hat, wohin das unterirdische Höhlensystem noch so führt. »Uns interessiert zum Beispiel, ob es eine Verbindung ins Eselsburger Tal gibt«, verrät sie mir zum Abschied. Das Eselsburger Tal ist auch mein nächstes Ziel, dort möchte ich in der Spätnachmittagssonne in Erinnerungen schwelgen. Ich verlasse dafür kurz den prima ausgeschilderten Albschäferweg und biege ab in das Tal, in dem ich als Jugendliche das Klettern gelernt, meinem Papa beim Abseilen vertraut und mit der Alpenvereins-Clique Mamas Vesper genossen habe. Im Ort Eselsburg mache ich eine kleine Kaffeepause im »Biotal Hofcafé«. Dann lege ich mich, mit Blick auf die »Steinernen Jungfrauen«, ins Frühsommergras. Ein zarter Wind weht über mich hinweg. Von weiter oben am Hang vernehme ich Karabinerklackern und Kletterkommandos, während auf dem Radweg im Tal langsam Ruhe einkehrt. Wie gerne würde ich jetzt einfach bleiben! Bis zum Etappenziel sind es allerdings noch ein paar Schritte. Ich reiße mich los – und werde belohnt: Kaum habe ich mein Wandergepäck die andere Talseite hochgeschleppt, eröffnet sich mir an der Domäne Falkenstein eine atemberaubende Aussicht, die sich kaum in Worte fassen lässt. Wärmstes Abendlicht, in welchem die Anhöhen ihre Schatten ins Tal werfen. Stille. Dazu der Wasserlauf der Brenz, dem ich mit meinen Augen folge, bis er zwischen Baumkronen und einem Heidehügel verschwindet. Sie ist schon schön, meine alte Heimat …

Gastfreundlich ist sie überdies, egal, wohin ich komme. Ein Spaziergänger zeigt mir spontan den Panoramastein bei Sontheim, von dem aus man eine Fernsicht bis in die Donauebene und an besonders klaren Tagen sogar bis auf die Alpen hat. Dort, wo ich mich eigentlich nur zum Übernachten eingemietet habe, werde ich wie eine gute Bekannte mit von den Kindern gepflücktem Blumensträußchen

1+2 Verdient nach sechs Wandertagen: Bei »Widmann's Alb.leben« in Zang gibt's vor der Nacht im komfortablen Bauwagen raffiniert-regionale Küche von Spitzenkoch Andreas Widmann **3** Zum Staunen: Dolomitformationen im Wental

»Die Schäferei ist ein harter Job. Ich bin bei jedem Wetter an 365 Tagen im Jahr draußen«

FLORIAN FEUSSNER

empfangen und sitze bis spät am Abend mit den Gastgebern tratschend vor dem Haus, während im Hintergrund der Dorfbrunnen plätschert. Kein Wunder, dass ich danach gut schlafe! Mit rot-weiß karierten Vorhängen vor den Fenstern, herrlichem Holzduft und einem kleinem Ofen vor dem Bettende ist der Wetterschutzwagen bei Steffi und Simon Stein in Stetten äußerst gemütlich. Auch auf dem Kulturhof Erpfenhausen bei Gerstetten habe ich am nächsten Abend eine dieser besonderen Begegnungen: Kaum bin ich in meinen Schäferkarren mit Blick übers Feld eingezogen, klopft Sonja Banzhaf an und nimmt mich zu einem Spaziergang mit. Im letzten Sonnenlicht laufen wir durch die Heide, und nichts als Insektenzirpen begleitet ihre Erzählungen von früher. Bis in die achtziger Jahre hinein war der Schäfer hier ein steter Gast, kam mitunter auch in die Wirtschaft ihrer Eltern – und manchmal war er sich gerade am Rasieren, wenn Sonja Banzhaf morgens ins Bad wollte.

Erpfenhausen ist so friedvoll, dass ich wieder einmal am liebsten länger bleiben möchte. Aber ich muss früh los, denn meine Tage sind lang: Die empfohlenen zehn Etappen des großen Rundwanderwegs habe ich in sieben Tagen zurückgelegt, und statt der offiziellen 158 Kilometer werde ich schließlich 195 auf der Uhr haben. Weil ich mal hier einen Abstecher

3

mache und mal dort. Und weil ich's nicht lassen kann, auch am Abend noch die eine oder andere kleine Runde zu gehen.

Die Schäferei ist die Konstante auf meinem Wanderkreis, der sich Schritt für Schritt weiter schließt. Die Natur hingegen zeigt sich immer anders und eröffnet Fenster weit zurück in die Erdgeschichte. Am nächsten Tag etwa das Steinheimer Becken. Meteoritenkrater von Weltrang. Heidelandschaft par excellence. Ein Auf und Ab, das mir erst gefällt, als ich – ein weiteres Mal oben angekommen – einen Pausenplatz mit Tisch und Bank finde, an dem ich mich niederlasse, um zu erfassen, mit welch gewaltigem erdgeschichtlichen Phänomen ich es hier zu tun habe: Zwischen 14 und 15 Millionen Jahre soll es her sein, dass ein Meteorit das annähernd kreisrunde Becken mit seinem Durchmesser von knapp vier Kilometern erschaffen hat. Dagegen ist die Charlottenhöhle doch wirklich sehr jung!

Wanderführer Wolfgang Pösselt, meine Begleitung auf der letzten Etappe, wird mir wenig später sagen, dass das gegangene Stück vom Schafhof Smietana bis ins Wental den alten verbrieften Schaftriebwegen folgt. Den Hof Smietana kenne ich schon von einer Wintertour: Er liegt nicht nur am Albschäferweg, sondern auch auf einer der sogenannten »Zeitspuren«, die entlang der großen Wanderstrecke zu kürzeren Erkundungen einladen. Die Herde der Smietanas besteht ausschließlich aus Merinolandschafen. Von hier beziehen Sternekoch Andreas Widmann und sein Vater Frank Widmann Fleisch für die Gastronomie in »Widmann's Alb.leben« in Zang, wo ich meine letzte Nacht in der Luxusversion eines Schäferwagens verbringen werde, mit Ostalb-Lamm zum Abendessen und einem weiteren Schnack bis weit nach Sonnenuntergang.

Ich habe einige Grüße auszurichten: Steffi und Simon Stein haben bei den Widmanns ihre Hochzeit gefeiert. Sonja Banzhaf und ihr Musiker-Mann Benny Jäger kennen die Familie, weil sie auch schon mal von Erpfenhausen nach Zang gewandert sind, um in einem der Wagen zu übernachten. Auch das gehört zu meiner Tour: Nach wenigen Tagen bin ich mittendrin in einem herzlichen Geflecht aus Man-kennt-sich-hier-halt-Geschichten.

Das finale Stück der Route bringt mich ins Wental, eine meiner absoluten Lieblingslandschaften auf der Alb. Ich bin, nach einem Abstecher zum blaugrünen Brenztopf und über ein letztes Stück Heidefläche, nicht mehr weit von meinem Start- und Zielort am Moldenberg bei Heidenheim entfernt. Hier

1 Wissen to go: Mit Wanderführer Wolfgang Pösselt unterwegs am Itzelberger See
2 Fast geschafft: Die Abtei Neresheim ist ein imposantes Etappenziel **3** Begegnung am Wegesrand: Schafherde bei Gerstetten

»Man ist Schäferin, Landwirtin, Metzgerin, Betriebswirtin und Tierärztin«

KARIN WIEDENMANN-RIEK

am Moldenberg weiden üblicherweise die Schafe von Karin Wiedenmann-Riek und ihrer Tochter Kerstin. Zu Beginn meiner Wanderung habe ich mit ihr gesprochen und dabei die gleiche Leidenschaft für den Beruf erlebt, die ich auch bei Florian Feußner spürte. Dass die Schafe stets an erster Stelle stehen und dass Glück, Stolz und Zufriedenheit nahe beieinanderliegen, »wenn man die Tiere am Abend gesättigt in den Pferch führt«.

Die Wanderschäferei ist eine Aufgabe, die Kenntnisse aus vielen Berufen erfordert: »Man ist Schäferin, Landwirtin, Metzgerin, Betriebswirtin und Tierärztin«, hatte Karin Wiedenmann-Riek aufgezählt. An diesen Satz dachte ich, als Florian Feußner, seine Herde und ich am dritten Wandertag am Irpfelberg bei Giengen an der Brenz ankamen: Feußner ging zielstrebig zu einem seiner Schafe, beugte sich darüber, zog aus einer braunen Flasche Medizin auf. Zwei Pikse, eine rote Markierung auf dem Kopf, dann war die Patientin fertig. Für den Moment. Die Markierung verheißt nichts Gutes. Die Tage des Tieres sind gezählt. Auch das gehört zu diesem Job: Entscheidungen treffen, wirtschaftlich und gleichzeitig zum Wohle der Tiere denken. Für Florian Feußner heißt das ohne jeden Zweifel: »Bis zu dem Tag, an dem die Tiere wegkommen,

kümmern wir uns mit Herzblut um sie.« Dass das keine Worthülse ist, merkt man selbst als Außenstehende. Dabei ist die Situation nicht leicht: Die Wollpreise sind derart im Keller, dass Feußner seine Wolle momentan gar nicht erst verkauft. Die Bürokratie nimmt erheblich zu, Autobahnen, Bahnstrecken und Feierabendverkehr machen das Ziehen mit 800 bis 1000 Tieren zu einem planerischen Akt. Weder Feußner noch Wiedenmann-Riek aber klagen. Ich verstehe schnell: Die Schäferei, die für die Landschaften der Alb so wichtig ist, ist so viel mehr als das, was der Wanderer im Vorbeigehen wahrnehmen mag.

Er wird mich noch eine Weile beschäftigen, dieser Weg. Seine Menschen. Meine Eindrücke. Die alte Heimat. Mit Momenten wie denen am allerersten Abend, als der Himmel in nachgewitterliche Pastelltöne getaucht ist und die Glocken der Abteikirche Neresheim genau in dem Augenblick zum 18-Uhr-Gebet ertönen, als ich mich zum Abendessen im Innenhof der Klosteranlage niederlasse. Entspannt. Zufrieden. Glücklich.

ILLUSTRATIONEN: DOUBLEBUBBLE _ RUS/ADOBE STOCK

Stolz der Staufer: Die gut erhaltene Burg Katzenstein ist in privater Hand, aber das ganze Jahr über für Gäste geöffnet

Höfe, Schafe und ein Meteoritenkrater

Entlang des Albschäferweges gibt es viel zu entdecken. MERIAN-Autorin **Andrea C. Bayer** hat unterwegs attraktive Ausflugsziele besucht und viele Tipps gesammelt

Zehn Etappen, 158 Kilometer: Auf dem Albschäferweg erlebt man Landschaft, Ausblicke und Einblicke in Geschichte und Kultur. Überwiegend auf naturnahen Wegen und Pfaden verläuft der Fernwanderweg über Wacholderheiden, durch Flusstäler sowie zu Höhlen und Burgen. Schon seit dem 15. Jahrhundert prägt die Wanderschäferei die Schwäbische Alb und bildet den roten Faden des Weges: Dieser verläuft in Teilen auf den ursprünglichen Wegen der Schäferzüge und vermittelt auf Infotafeln Wissen rund um die Aufgaben, Herausforderungen und Traditionen der Schäferei, die in der Region zwischen Heidenheim, Härtsfeld, Sontheim an der Brenz, Gerstetten und dem Wental bis heute präsent ist. Am besten folgt man den Schildern mit dem weißen Schäfer auf blauem Grund ab Giengen oder Heidenheim. Beide Start- und Zielorte sind auch mit öffentlichen Verkehrsmitteln gut erreichbar. Für alle, die keine mehrtägige Tour machen wollen, sind die »Zeitspuren« die richtige Wahl: zehn zwischen 6 und 20 Kilometer lange Rundtouren entlang des Fernwanderwegs.
albschaeferweg.de

1 HÖHLENERLEBNISWELT GIENGEN-HÜRBEN

Um die Charlottenhöhle ist ein familienfreundlicher Erlebnispark entstanden: Im interaktiven Erlebnismuseum »HöhlenSchauLand« taucht man in die Urwelt der Schwäbischen Alb ein und geht auf Entdeckungsreise durch die Erdgeschichte, im »HöhlenHaus« erfährt man die Besonderheiten des Geoparks Schwäbische Alb. Auch ein Abenteuerspielplatz fehlt nicht, und wer auf dem Albschäferweg hier vorbeiwandert, kann sogar nach Anmeldung mit dem Zelt nächtigen. Extra-Tipp: das unweit vom »HöhlenHaus« beginnende »Jakobswegle«, das auf einer Strecke von 2,5 Kilometern zum bewussten Gehen einlädt.
hoehlenerlebniswelt.de, jakobswegle.de

2 DOMÄNE FALKENSTEIN

Auf einem schmalen, mit Geländern gesicherten Pfad kann man hier bis zu einem Felsvorsprung spazieren, um von dort den Blick hinunter auf die Brenz und über den westlichen Teil des Eselsburger Tals streifen zu lassen. Besonders schön ist es hier im Abendlicht – oder auch, wenn frühmorgendliche Nebelschwaden durch das Tal ziehen. Die Domäne Falkenstein hat ihren Ursprung im Mittelalter; heute sind von der ehemaligen Vorburg einzelne Gebäudeteile erhalten, darunter der sanierte Gewölbekeller. Tipp: Es gibt einen überdachten »Rastplatz am Jakobsweg«, an welchem man sich gegen Barzahlung ins »Kässle« mit gekühlten Getränken, Eis und regionalen Kleinigkeiten eindecken kann.
domaene-falkenstein.de

3 METEORKRATER-MUSEUM

Das Steinheimer Becken begeistert und beschäftigt weltweit nicht nur Geologen, sondern ist auch eine wichtige paläontologische Fundstelle. Vor über 14 Millionen Jahren schuf ein Meteoriteneinschlag einen sogenannten Impaktkrater. Im Meteorkrater-Museum in Sontheim erfährt man, wie sich der Krater über die Jahre entwickelt hat, dass hier rund eine Million Jahre lang ein See existierte und einst Schildkröten, Nashörner und Urpferde heimisch waren. Beste Ergänzung: eine Wanderung am Beckenrand entlang, zum Beispiel auf dem 20 Kilometer langen »Meteorkrater-Rundwanderweg« oder auf einem der kürzeren geologischen Pfade.
steinheim.com/freizeit-tourismus

4 SCHAFHOF SMIETANA

Ein lohnender Stopp auf der Etappe bei Steinheim. Hier kann man sich rund um die Uhr am »SB-Lädle«, einem kleinen Automaten-Häuschen, mit gekühlten Getränken, Wurst und Fleisch versorgen. Lammfleisch und -wurst stammen aus der eigenen Schlachtung des familiengeführten Selbstvermarkterbetriebs. Zu den Öffnungszeiten des Hofladens darf man einen Blick in den Stall werfen. Noch mehr über die Schäferei und die Merinolandschafe der Familie Smietana lernt man bei einer Hofführung.
schafhof-steinheim.de

5 KLOSTER NERESHEIM

Es thront markant auf einem Hügel und rückt zunächst doch recht klein ins Blickfeld: Das Benediktinerkloster

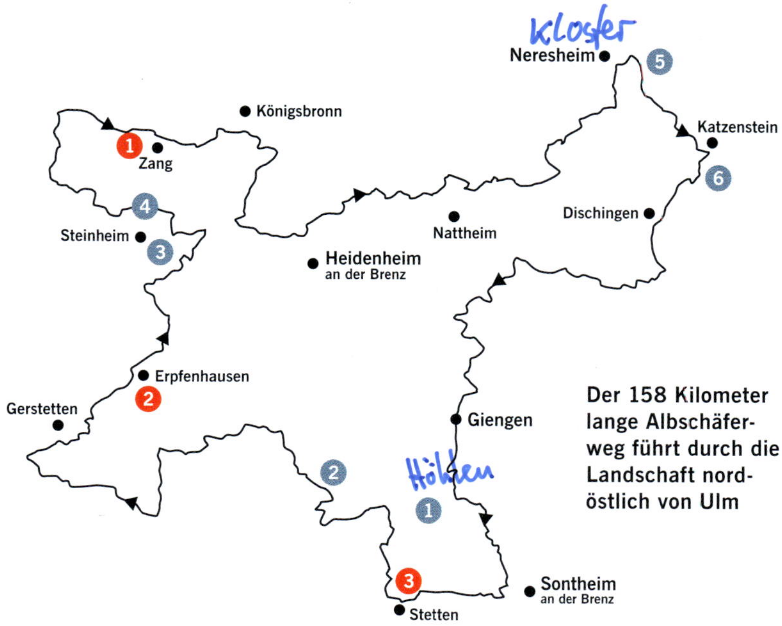

Der 158 Kilometer lange Albschäferweg führt durch die Landschaft nordöstlich von Ulm

Neresheim ist ein Ort, an dem man idealerweise etwas Zeit verbringt und die Atmosphäre am Abend genießt, wenn es ruhig wird im Innenhof und man sich vor der Übernachtung im Gästehaus mit einem gutbürgerlichen Mahl für den nächsten Wandertag stärkt. Der sollte mit einem Besuch der ab 1750 nach Plänen von Balthasar Neumann erbauten Abteikirche beginnen: Die farbenfrohen Fresken von Martin Knoller bestechen durch viele Details und eine geniale Perspektivmalerei.

abtei-neresheim.de
tagungshaus-neresheim.de

6 BURG KATZENSTEIN

Die Stauferburg bei Dischingen mit ihrer markanten, vollständig erhaltenen Ringmauer gilt als eine der ältesten Burgen Süddeutschlands. Die Basteien, Innenhöfe und Wehrgänge können das ganze Jahr über erkundet werden: Die Burg bietet heute Kinderführungen in historischen Gewändern, einen Mittelaltermarkt zu Pfingsten und einen Weihnachtsmarkt. Gastronomie und Übernachtungsmöglichkeiten runden das Angebot ab. Ein Highlight sollte man nie verpassen: den Ausblick über das Härtsfeld vom »Katzenturm«. Der Bergfried ist der älteste Teil der Burganlage und wurde vermutlich noch im 11. Jahrhundert errichtet.

burgkatzenstein.de

ÜBERNACHTEN IM SCHÄFERWAGEN

Gemütlich, kuschelig und einfach der perfekte Rückzugsort nach einem langen Wandertag: Auf dem Albschäferweg übernachtet man am besten das eine oder andere Mal ganz traditionell in einem Schäferkarren oder Wetterschutzwagen. Das geht zum Beispiel hervorragend bei 1 »Widmann's« in Zang bei Königsbronn (widmanns-albleben.de). Neben einem Hotel, Chalets, dem Gasthaus »Löwen« und dem Sterne-Restaurant »Ursprung« gibt es dort auch drei Bauwagen, die zu äußerst komfortablen Unterkünften umgestaltet wurden. Auch der 2 »Kulturhof Erpfenhausen« (erpfenhausen.de) bietet neben einem umfangreichen Kulturprogramm einen Schäferwagen zum Übernachten – ebenso wie 3 Familie Stein in Stetten (adler-lonetal.de). Was als »mobiles Wohnen« zum Trend geworden ist, hat eine lange Tradition. So nutzten Schäfer bis Ende des 19. Jahrhunderts einfache, niedrige »Schlupfkarren« als Nachtlager. Daraus sind die komfortableren Schäferwagen mit Bett, Tisch und Stuhl entstanden, die zugleich Wohn-, Schlaf- und Vorratsraum waren. In ihrer ursprünglichen Funktion haben sie heute ausgedient – nicht aber als originelle Unterkunft.

albschaeferweg.de/gastgeber

Das Haus der Hohen

Märchenschloss in strategisch bester Lage: Die heutige Burg Hohenzollern ist schon die dritte, die in gut 850 Meter Höhe auf dem gleichnamigen Berg errichtet wurde

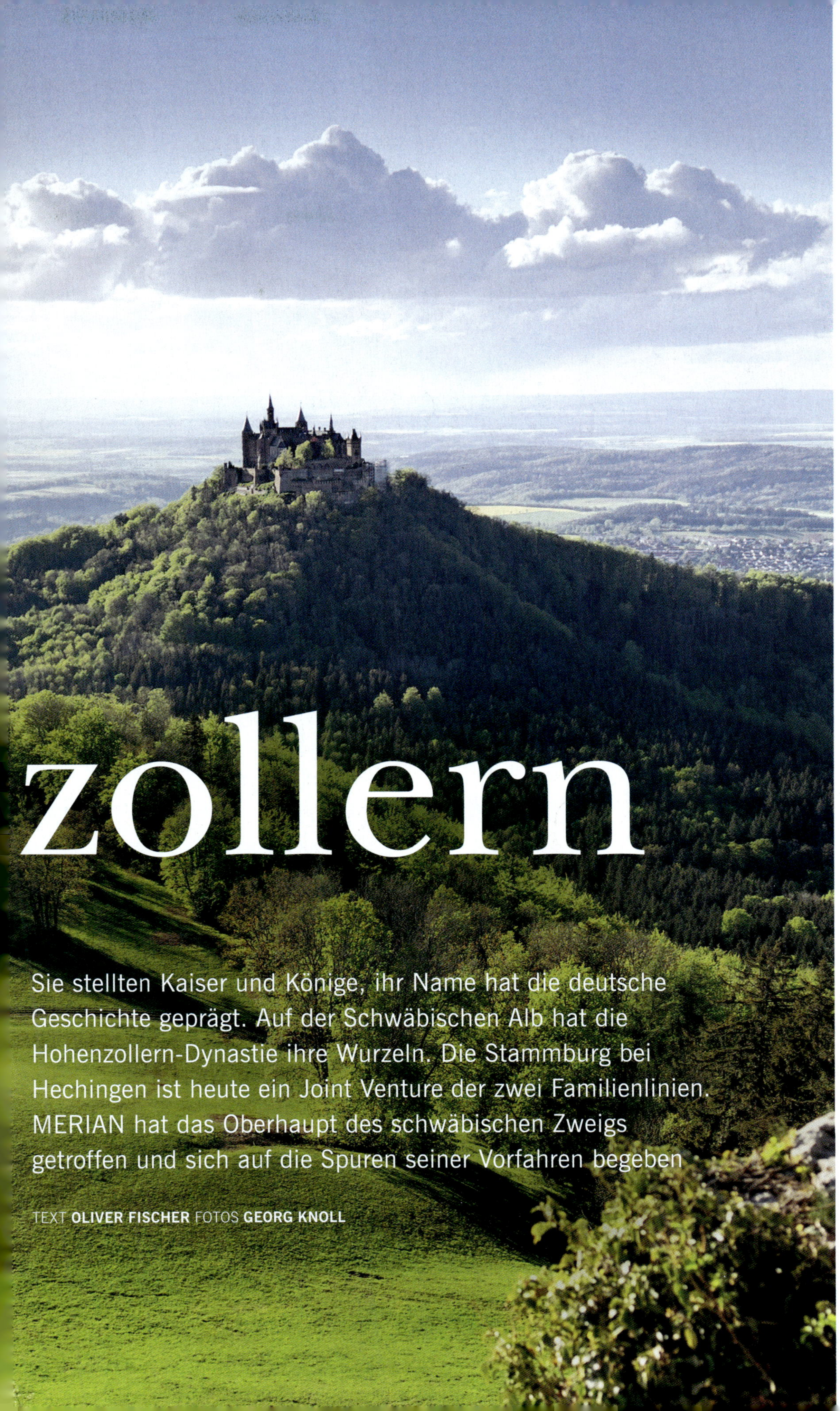

zollern

Sie stellten Kaiser und Könige, ihr Name hat die deutsche Geschichte geprägt. Auf der Schwäbischen Alb hat die Hohenzollern-Dynastie ihre Wurzeln. Die Stammburg bei Hechingen ist heute ein Joint Venture der zwei Familienlinien. MERIAN hat das Oberhaupt des schwäbischen Zweigs getroffen und sich auf die Spuren seiner Vorfahren begeben

TEXT **OLIVER FISCHER** FOTOS **GEORG KNOLL**

1

2

1+2 Wo der Fürst residiert: Karl Friedrich von Hohenzollern hat sein Büro auf Schloss Sigmaringen an der Donau, der Französische Salon (oben) ist nur einer von 300 Räumen **3** Rüstungen, Schwerter, Hellebarden und Gewehre säumen den Weg durch die lange Halle, in der eine der größten privaten Waffensammlungen Europas zu sehen ist

3

A

»Adel ist Geschichte auf zwei Beinen«, hatte die Verwalterin von Burg Hohenzollern gestern gesagt. Jetzt, einen Tag später und 45 Kilometer weiter südöstlich höre ich ein paar schnelle Schritte auf dem Flur und dann steht die Geschichte in der Tür: Karl Friedrich Fürst von Hohenzollern, 69 Jahre alt. Er trägt einen braunen Anzug mit Einstecktuch und einen goldfarbenen Siegelring. Den Gruß »Guten Morgen, Eure Hoheit«, den ich vorhin vor dem Spiegel noch geübt hatte, nimmt er unbeeindruckt entgegen. Natürlich schaut man sofort, ob er nicht seinen prominenten Vorfahren ähnelt. Die Nase – ist das nicht die vom Alten Fritz?

Der Fürst bittet in sein holzgetäfeltes Büro auf Schloss Sigmaringen, dem Familien-Stammsitz auf einem Felsen fast vierzig Meter über der Donau. Ein 300-Zimmer-Bau, der mit seinen steilen Dächern und roten Fensterläden aussieht wie für eine Modelleisenbahn entworfen. Unten auf dem Fluss schwimmen weiße Schwäne.

Ich bin auf Spurensuche im Land der Ahnen von Kaiser Wilhelm und Friedrich dem Großen. Denn hier auf der Schwäbischen Alb, im Land zwischen Donau und Neckar, hat vor fast tausend Jahren die Geschichte der Hohenzollern begonnen – der Familie, die Deutschland mehr geprägt hat als jede andere.

Die ersten bekannten Mitglieder der Dynastie sind die Grafen Wezil und Burchard de Zolorin, also von Zollern – von denen man nicht mehr weiß, als dass sie 1061 totgeschlagen wurden. Die folgenden Generationen der Familie scheinen geschickte Netzwerker zu sein, suchen die Nähe der deutschen Kaiser, der Salier und Staufer. Im Schutz der Mächtigen erweitern sie ihre Gebiete, erst in der schwäbischen Heimat – bis ihnen der Kaiser das Amt der Burggrafen von Nürnberg verleiht.

200 Kilometer liegen zwischen Schwaben und Nürnberg – im Mittelalter mit seinen schlecht ausgebauten Straßen eine zu große Distanz. Und so teilen die Hohenzollern 1214 ihre Gebiete, gründen einen fränkischen und einen schwäbischen Familienzweig. Die Franken steigen später zu Kurfürsten von Brandenburg auf und zu Königen von Preußen, stellen ab 1871 sogar selbst deutsche Kaiser.

Die schwäbischen Hohenzollern tauchen seltener in den Geschichtsbüchern auf. Doch auch sie herrschen jahrhundertelang. Zeitweise gibt es in Schwaben drei Kleinstaaten, die von unterschiedlichen Familienzweigen regiert werden. Zwei dieser drei Linien sind ausgestorben. Nur die Sigmaringer haben

1+2 Auf Burg Hohenzollern ist Preußens Königskrone zu sehen. Auch eine Statue verweist auf der Bastei auf royale Vergangenheit: Sie erinnert an Friedrich den Großen **3+4** Der 25 Meter lange Grafensaal wird noch heute als Festsaal genutzt. Friedrich Wilhelm IV. ließ die jetzige Anlage ab 1844 bauen – nicht, um darin zu wohnen, sondern als Statussymbol

überlebt – und so ist Fürst Karl Friedrich in seinem Schloss über der Donau heute das Oberhaupt der schwäbischen Linie.

Er ist in dieses Amt hineingeboren worden. Dass es mit ihm und seiner Familie etwas Besonderes auf sich hat, merkte er schon mit vier Jahren. »Ich ging damals mit meinem Kindermädchen durch die Stadt. Da kam eine Frau auf uns zu und fragte: ›Ach, ist das der kleine Prinz?‹ – bis dahin hatte ich gar nicht gewusst, dass ich ein Prinz bin.«

Hier in Sigmaringen hat er die öffentliche Grundschule und das Gymnasium besucht – und dort Freundschaften geschlossen, die bis heute halten. Später hat er in Fribourg BWL studiert und bei einer Bank in New York gearbeitet. Nach dem Tod seines Vaters 2010 stieg er, der Erstgeborene, zum 14. Fürsten der Sigmaringer Linie auf. »Ich bin sehr stolz auf meine Familie«, sagt Karl Friedrich. Denn fast jede Generation habe etwas Neues geschaffen. So gründete 1708 sein Urururururururgroßvater Meinrad II. in Laucherthal nahe Sigmaringen eine Eisenschmelze. 300 Jahre später ist daraus der international tätige Zollern-Konzern geworden, der Getriebe, Winden und andere Metallteile herstellt – eine Firma mit 2000 Mitarbeitern und mehr als 300 Millionen Euro Jahresumsatz. Karl Friedrichs Vater, ein begeisterter Skifahrer, kaufte größere Flächen im Bayerischen Wald und legte dort ein Skigebiet mit heute fünf Seilbahnen an. Karl Friedrich selbst hat kürzlich »Karls Hotel« eröffnet, ein 4-Sterne-Haus gegenüber seinem Schloss am anderen Donauufer. Der Fürst ist im Landkreis heute einer der größten Arbeitgeber. Und besitzt so viel Wald wie kaum ein anderer Deutscher. Aus der politischen Macht der Hohenzollern ist wirtschaftliche Macht geworden.

Die Familie prägt die Alb durch und durch. Schon bei einem kurzen Gang durch Sigmaringen sehe ich im Abstand von höchstens 150 Metern gleich zwei Fürsten-Denkmäler, stoße dann in der Fürst-Wilhelm-Straße auf das frühere Hoftheater (in dem heute eine sehr nette Café-Bar untergebracht ist). Am Stadtrand von Hechingen steht die Klosterkirche St. Luzen, die Graf Eitel Friedrich I. – der erste Herrscher des Kleinstaates Hohenzollern-Hechingen – ab 1586 mit Stuckarbeiten im Renaissancestil ausstatten ließ. In Balingen ein wiederaufgebautes Zollernschloss aus dem 14. Jahrhundert.

Der wohl schönste Ort, den die Familie auf der Alb geschaffen hat, ist der Park von Inzigkofen am Flusstal der Donau. Zu verdanken ist er einer eigensinnigen Frau: Fürstin Amalie Zephyrine von Hohenzollern. Sie stammt aus einer rheinischen Adelsfamilie und heiratet 1782 auf Drängen ihres Vaters den Erbprinzen von Hohenzollern-Sigmaringen. Ihre Jugend hat sie in den Salons und Theatern von Paris verbracht – und findet sich plötzlich in einer schwäbischen Kleinstadt wieder. Das Schloss der Hohenzollern erscheint ihr »schlecht möbliert, sehr altmodisch«, der Ehemann kalt und distanziert. Sie hält es nicht lange aus in Sigmaringen. Tief verzweifelt flieht sie 1785 in Männerkleidern in Richtung Paris – und lässt ihren zehn Wochen alten Sohn zurück. Ein gewaltiger Skandal. Ihr Mann verbietet Amalie, das Kind wiederzusehen. 16 Jahre lang.

Aber dann, kurz nach 1800, wird die Pariser Exilantin für ihre Schwiegerfamilie wieder interessant: Kaiser Napoleon hat große Teile Deutschlands besetzt und beginnt, viele Kleinstaaten aufzulösen. Auch Hohenzollern-Sigmaringen ist in Gefahr! Doch Amalie ist mit Napoleons erster Frau befreundet. Dank ihres guten Kontaktes zu Madame Bonaparte gelingt es ihr, die Unabhängigkeit Sigmaringens zu erhalten. Die skandalöse Fürstin wird bald als »Retterin der Hohenzollern« gefeiert, darf ihren Sohn wiedersehen – und schließlich, mit fast fünfzig, nach Sigmaringen zurückkehren.

Im Schloss allerdings ist sie nicht erwünscht. Sie lässt daher das Amtshaus des ehemaligen Klosters Inzigkofen, wenige Kilometer von Sigmaringen entfernt, zu ihrer Residenz umbauen. Und erschafft hinter dem Konvent, wo die Felsen steil zur Donau hin abfallen, eine spektakuläre Parklandschaft. Die

Geschichte mit Aussicht

MERIAN-Autor **Oliver Fischer** erkundete die Bauten und Parks der Hohenzollern – und entdeckte dabei auch weitere spannende Burgen und Schlösser

BURG HOHENZOLLERN

Auf dem Bergkegel mit den steilen Hängen bei Hechingen lebten schon vor fast 1000 Jahren Hohenzollern. Die ersten bekannten Familienmitglieder, die Grafen Burchard und Wezil, residierten hier in einer Festung, über die man aber kaum etwas weiß. Der älteste erhaltene Teil der Burg ist die Michaelskapelle aus dem 13. Jahrhundert mit ihren wunderbaren, mit Ranken bemalten Glasfenstern. Der Großteil der heutigen Anlage stammt aus dem 19. Jahrhundert. Sehr sehenswert sind die Prunkräume der königlichen Familie, etwa der Blaue Salon mit seinem Alkoven mit weitem Blick auf die Alb. In der früheren Schlossküche ist heute eine Schatzkammer untergebracht. Zu sehen ist u. a. eine Uniform Friedrichs des Großen mit einem Einschussloch. Nur eine Tabakdose in seiner Brusttasche rettete dem König das Leben.

BURG TECK

Fans der britischen Royals haben den Namen »Teck« sicher schon mal gehört: Die Großmutter von Queen Elizabeth war eine Maria von Teck. Der Name der Familie geht auf die Burg Teck zurück, die in der Nähe von Kirchheim sehr majestätisch auf einem Bergrücken aufragt. Bereits um 1150 stand hier eine Festung. Die heutige Burg sieht zwar nach Mittelalter aus, stammt aber größtenteils aus dem 19. und 20. Jahrhundert. In dem Gebäude sind ein Wanderheim und ein Restaurant untergebracht. Vom Aussichtsturm hat man einen großartigen Blick u. a. auf den Hohenstaufen, den Hausberg der Staufer-Kaiser.

burg-teck-alb.de

FESTUNG HOHENNEUFFEN

Nie haben Feinde das Bollwerk auf dem mehr als 700 Meter hohen Berg bezwungen. Wer heute zwischen den verfallenen Bastionen, Rundtürmen und Wehrgängen umherläuft, kann sich gut vorstellen, wie abschreckend der Bau auf Angreifer gewirkt haben muss. In der um 1100 erbauten Burg lebten die Herren von Neuffen – ein sehr kultiviertes Adelsgeschlecht, das sogar einen Minnesänger hervorbrachte. Ausdrücklich rustikal sind dagegen die Rittermahle mit kostümierten Herolden und Spielleuten, die die Burggaststätte mehrmals im Jahr veranstaltet.

festungsruine-hohenneuffen.de
Gastronomie: hohenneuffen.de

FÜRSTLICHER PARK INZIGKOFEN

Wenn Fürstin Amalie Zephyrine in ihrem Park zu Teegesellschaften einlud, dann kamen sogar Gäste aus München und Karlsruhe ins kleine Inzigkofen. Denn hier, im Donautal ein paar Kilometer von Sigmaringen entfernt, hatte die Adelige ab 1815 eine außergewöhnliche Gartenanlage geschaffen: Bis heute führen schmale Wege über steile Hänge zu Aussichtspunkten, von denen man aus immer neuen Perspektiven die Flusslandschaft betrachten kann. Ein Highlight der Anlage wurde erst nach dem Tod der Fürstin gebaut: die Teufelsbrücke, die sich zwischen zwei Felshängen spektakulär über einen zwanzig Meter tiefen Abgrund schwingt.

inzigkofen.de/de/Tourismus/Fuerstlicher-Park

SCHLOSS UND BAROCKKIRCHE HAIGERLOCH

Atom-Experimente unterm Hohenzollernschloss! Anfang 1945 zog sich der Physiker Werner Heisenberg in den Bierkeller unter der Schlosskirche von Schloss Haigerloch zurück, um hier die Vorstufe eines Kernreaktors in Gang zu bringen – ohne Erfolg. Das kleine »Atomkellermuseum« erinnert daran bis heute. Von dem mächtigen Renaissanceschloss regierte ab 1576 ein eigenständiger Hohenzollern-Zweig mehrere Jahrzehnte über das Umland. Nach dem Aussterben der Linie übernahmen die Sigmaringer das Gebiet – und machten die Schlosskirche zu einem der schönsten Sakralbauten des Barocks auf der Alb.

Schlosskirche: Sa und So geöffnet
Schlossbesichtigung von außen möglich
Museum: haigerloch.de/Atomkellermuseum

SCHLOSS LICHTENSTEIN

Waghalsig an einer Felskante gebaut, galt die Burg Lichtenstein einst als eine der wehrhaftesten Burgen überhaupt. Im 16. Jahrhundert aber verfiel die Anlage mehr und mehr, bis ein Cousin des württembergischen Königs sie ab 1840 neu errichtete: als märchenhafte Ritterburg, die mit ihren Zinnen, Spitzbögen und runden Türmen ein Mittelalter beschwört, das es so wohl nie gegeben hat. Wunderschön anzuschauen ist sie trotzdem.

schloss-lichtenstein.de

FOTOS: INTOPHOTO, ACHIM MENDE/SCHWÄBISCHE ALB TOURISMUS

Unbezwungen: Die trutzige Festung Hohenneuffen wurde auf einem Felssporn errichtet

SCHLOSS SIGMARINGEN

Vierzig Pfennig zahlten 1877 die Besucher dafür, sich von einem Diener durch die Prunkräume von Schloss Sigmaringen führen zu lassen. Heute kommen bis zu 80 000 Menschen im Jahr in das Gebäude, das eindrucksvoll auf einem Felsen fast vierzig Meter über der Donau aufragt. Seit fast einem halben Jahrtausend residieren hier Hohenzollern. Der sehr gut gemachte Audioguide führt durch Ankleidezimmer, Salons und die äußerst umfangreiche Waffenkammer. Neben allerlei Kunstgeschichtlichem erfährt man dabei auch einiges über den Alltag im Schloss, etwa über die Nutzung des um 1900 eingebauten modernen Badezimmers, das sogar mit beheizbaren Handtuchhaltern ausgestattet ist.

hohenzollern-schloss.de

WILDPARK JOSEFSLUST

Sonntags gehen die Sigmaringer gern im Jagdrevier des Fürsten spazieren. Über insgesamt mehr als dreißig Kilometer Wege läuft man rund vier Kilometer südlich der Stadt durch einen wunderschön weiten Wald, vorbei an mehreren verwunschenen Seen. Seit vielen Jahrhunderten schon machen sich die Hohenzollern hier auf die Pirsch. Der amtierende Fürst Karl Friedrich wohnt sogar auf dem Gelände – in einem Landhaus, das in den fünfziger Jahren der Architekt Paul Schmitthenner erbaut hat. Wer es von außen anschauen möchte, hält sich am Haupteingang rechts; es ist der Bau hinter dem alten Jagdschloss mit dem Dachreiter.

Haupteingang an der L 456 zwischen
Sigmaringen und Krauchenwies
Einritt frei, Tag und Nacht geöffnet

Baron Raßler ist Feingeist, Schlossherr und ein guter Gastgeber. Die Delfter Vasen auf Schloss Weitenburg bewahrt er im halbprivaten Bereich. Doch auch die Hotelgäste sind von Antiquitäten umgeben: Wer etwa Zimmer 103 bucht, schläft in einem historischen Himmelbett

Zu Gast **beim Baron**

Wer auf Schloss Weitenburg übernachtet, ist zu Hause bei **Max-Richard Freiherr Raßler von Gamerschwang.** Auf einem Rundgang zeigt er MERIAN seine jahrhundertealte Anlage

TEXT **JONAS MORGENTHALER**
FOTOS **VOLKER RENNER**

Mit kariertem Hemd, korrekt gebundener Krawatte und legerem, halb geöffnetem Leinensakko tritt Baron Raßler pünktlich um 8.45 Uhr in den Innenhof von Schloss Weitenburg im Oberen Neckartal. Er wohnt im Südflügel, es ist *sein* Schloss Weitenburg, aber er ist hier fast nirgends wirklich privat und deswegen stets gut gekleidet. Gäste, Lieferanten, Handwerker im Hof: Er kennt das gar nicht anders. Seit 1720 ist das Schloss in Familienbesitz. Max-Richard Freiherr Raßler von Gamerschwang ist Hausherr in achter Generation – und ein Gastgeber mit Charme und feinem Humor. In den fünfziger Jahren hat sein Vater im Schloss ein Restaurant eröffnet, etwas später folgte ein Hotel. Er ist hier aufgewachsen, marschierte für die Grundschule hinab nach Börstingen und radelte später auf der steilen Straße zum Bahnhof, um mit dem Zug zum Gymnasium zu fahren.

»Ich bin ein Bestandteil dieses Hauses, und das Haus ist ein Bestandteil von mir«, fasst er zusammen. Bevor er es uns zeigt, führt er durch den Park, einer seiner Lieblingsorte. Lange hat er an einer Erweiterung gearbeitet, wollte oberhalb der Anlage mit Wasserbecken und Fontäne ein Waldstück gestalten. Aber vor einigen Wochen fegte eine kleine Windhose durchs Grün, brachte unter anderem eine Eiche zu Fall und machte aus dem Waldstück eine Lichtung.

»Das war schon sehr schade«, sagt Baron Raßler. »Die Eiche stammte noch aus der Barockzeit, sie war der älteste Baum im Park. Jetzt müssen wir komplett neu planen, weil alles durcheinander gekommen ist.« Das Thema schließt er mit einem »so ist es halt« – und einem strahlenden Lächeln. Einen gestandenen Schlossherrn bringt eben wenig aus der Ruhe. Das Hauptgebäude wurde im 16. Jahrhundert errichtet, andere Teile in den drei folgenden Jahrhunderten – da gibt es immer viel zu tun.

Fördergelder erhält er selten, das Hin und Her mit den Behörden führte oft ins Leere. Also macht er mal hier was und mal dort, lässt mal Zimmer renovieren, mal Fenster austauschen, mal ein Dach ersetzen oder eine alte Mauer restaurieren. »Ich bin eine Art Dombauhütte«, sagt Baron Raßler. »Ohne

Schlosszimmer mit Blick ins Neckartal. Die Badewanne in der »Suite NY« hat der Baron ersteigert. Die Möbel im ehemaligen Wohnzimmer der Eltern stehen dagegen seit fast 100 Jahren an ihrem Platz

großes Industrie-Vermögen im Hintergrund ist der Unterhalt eines solchen Hauses eine Gratwanderung zwischen Bankrott und Wahnsinn.« Bankrott wäre er, wenn er alles auf einmal sanieren würde. Und dem Wahnsinn nah, wenn er ständig an all die Dinge denken würde, die er sanieren sollte. Wenn er mit dem Schlosshotel am Jahresende eine schwarze Null macht, ist er zufrieden. Sein finanzielles Rückgrat sind seine Einkünfte aus Land- und Forstwirtschaft.

Von den Waldgebieten seiner Familie zeugen auch die vielen Jagdtrophäen im Schloss. Die meisten stammen noch vom Urgroßvater, einige von seinem Vater – von ihm ist keine dabei. Jagen ist nicht seine Leidenschaft, lieber beschäftigt er sich mit Antiquitäten und der Einrichtung der Räume, die er charmant und wortgewandt zeigt. Den mit Rehbock-Geweihen voll gehängten Flur zu seinem Büro ließ er in frischem Mintgrün streichen, »das nimmt den Trophäen das Martialische«. Gerade hat er das Treppenhaus im Südtrakt mit einer Tapete aus England ausgestattet. In Paris fand er die passende Variante für das ehemalige Wohnzimmer seiner Eltern. Er hat es kaum verändert, die Möblierung stammt noch aus den zwanziger Jahren. Nebenan befindet sich ein Raum mit fantastischem Ausblick ins Neckartal und großem Esstisch, der gern für Geschäftstreffen und Familienfeiern gebucht wird. Auch geheiratet werde auf Schloss Weitenburg gerne, erzählt der Baron – kirchlich in der neugotischen Schlosskapelle, standesamtlich im Roten Salon.

Die Stuckdecke dort ist kein Fake, sondern original Rokoko. »Im Schloss ist alles echt, alles authentisch«, sagt der Hausherr. Das gilt auch für die Hotelzimmer. Sie bieten nicht alle den gleichen Komfort. In manche Räume etwa müssen kleine, eingesetzte Nasszellen zum Frischmachen reichen. Aber alle sind einzigartig und voller Geschichten. Das Bett mit Baldachin und die frei stehende Kupfer-Badewanne in der »Suite NY« zum Beispiel hat Baron Raßler bei Christie's in New York ersteigert. Im Zimmer 103 steht das massive Himmelbett seines Urgroßvaters unter einer bemalten Decke aus dem frühen 19. Jahrhundert. Zimmer 104 wird von einer üppigen Holzverkleidung geprägt, die mit einer Urgroßmutter von Baron Raßler zu tun hat: Sie stammte aus Schlesien, und bevor sie auf Schloss Weitenburg zog, wurde für sie in diesem Raum das Esszimmer aus ihrem Gutshaus in Schlesien nachgebaut, damit sie sich in der neuen Heimat nicht fremd fühlt.

Freundlich empfangen werden auch die Gäste, die heute auf Schloss Weitenburg essen und übernachten. »Sie sollen sich wie bei mir zu Hause fühlen«, sagt Baron Raßler. Er grüßt sie in der Regel persönlich, wenn sie abends im Restaurant vor Zwiebelrostbraten und Doradenfilets sitzen. Auch für Neugierige, denen das Restaurant vielleicht zu fein ist und das Hotelzimmer zu teuer, hat der Hausherr Angebote geschaffen. Sie können sich mit gut gefülltem Picknickkorb und Decke im gepflegten Park niederlassen oder das Schloss-Ambiente bei einem englischen Afternoon Tea genießen.

»Hallo Herr Baron!«, tönt es am Schluss über den Innenhof. Der nächste Termin ruft, wortwörtlich: Eine Kindergartengruppe aus der Umgebung möchte das Schloss kennenlernen – und natürlich will der Hausherr es ihnen persönlich zeigen. ■

Starzach, Weitenburg 1, schloss-weitenburg.de

Leidenschaftliche Hoteliers mit guten Ideen

Ob Bauwagen am Fluss, Wellness in der Altstadt oder eine Kunststiftung auf dem Berg: Die Gastgeber auf der Alb lassen sich so einiges einfallen

Mit Spa und langer Geschichte: das Hotel »Herrmann« in Münsingen

ADLER

Im kleinen Ehingen an der Donau behaupten sich gleich mehrere unabhängige Brauereien. Für trinkfreudige Gäste ist daher eine Übernachtung praktisch Pflicht. Wunderbar geht das im »Adler«, am besten in einem der renovierten Zimmer (Superior-Kategorie). Es gibt ein Spa, vor allem aber ein Wirtshaus im Alpenschick-Stil, in dem selbst gebrautes Fassweizen ausgeschenkt wird.

Ehingen, Hauptstr. 116, adlerehingen.de

ALTE KASS

In den mit viel massivem Holz eingerichteten Zimmern kann man sicher sein, dass nichts wackelt oder schief ist: Gastgeber Peter Hepperle ist Zimmerer. Mit seiner Frau Simone kümmert er sich herzlich um alle, die in dem zum Kaffeehaus mit Gästezimmern umgebauten Sparkassengebäude nächtigen.

Neidlingen, Gartenstr. 3, alte-kass.de

BISCHOFFS

Eigentlich wollten Anja und Michael Bischoff nur ein kleines Restaurant eröffnen, er in der Küche, sie im Service. Erfolgreich erweckte das Paar 2010 in Bad Urach dann auch den »Wilden Mann« zu neuem Leben, die leer stehende Gaststätte einer ehemaligen Brauerei. Ein paar Jahre später bot sich dann die Möglichkeit, das gesamte Brauereigebäude zu übernehmen. Der Umbau zum Hotel war ein Mammutprojekt, alles wurde entkernt, erneuert und durch einen Anbau ergänzt. Die 18 dabei entstandenen Zimmer sind angenehm gestaltet, mit Industrieleuchten, flauschigem Teppich und geradlinigem Design, in dem blaue Wände und freigelegte Holzbalken Akzente setzen, und im »Wilden Mann« lässt es sich heute ausgezeichnet frühstücken. Die Kreationen von Michael Bischoff kann man im »Kesselhaus« kosten, wo abends gehobenes Soul Food serviert wird, etwa eine gelungene Kombination aus Steinbutt, Spitzkohl, krosser Blutwurst und Orangensauce.

Bad Urach, Pfählerstr. 7
bischoffs-badurach.de

GUTSHOF KÄPPELER

Ideal für Familien sind die Ferienwohnungen auf diesem Gutshof, der mitten im Grünen direkt an der Oberen Donau liegt: Es gibt etliche Tiere zum Streicheln und Füttern, eine Strohscheune zum Toben, eine zum Spielplatz umfunktionierte Wiese mit Obstbäumen und wunderbare Wanderwege direkt vor der Tür. Morgens wird ein Brötchenservice angeboten, außerdem befindet sich auf dem Gelände ein uriges Restaurant mit schwäbischer Küche. Unser Tipp: die große Ferienwohnung »Rabenfelsen« mit schöner Aussicht auf die Donau und den imposanten Felsen dahinter.

Beuron, Hofstr. 22, gutshof-kaeppeler.de

Kreative Küche im »Kesselhaus«: Für das Hotel »Bischoffs« wurde ein ehemaliges Brauereigebäude umgestaltet

HERRMANN

Zum Münsinger Marktplatz hin wirkt das Hotel noch wie der kleine Gasthof, der es vor über 125 Jahren war. Doch Familie Autenrieth hält den Traditionsbetrieb auf der Höhe der Zeit, hat ihn mehrmals erweitert und – unter anderem durch ein Blockheizkraftwerk – nachhaltiger gestaltet. Hinter dem Stammhaus verstecken sich eine große Terrasse und die jüngste Errungenschaft: ein großer Spa-Bereich mit Sauna, Dampfbad und einem beheizten, von frühmorgens bis spätabends geöffneten Innenpool. In den 44 Zimmern sorgt natürliches Material wie Lehmwände und duftendes Zirbelkiefernholz für eine angenehme Atmosphäre. Besonders empfehlenswert sind die geräumigen Biosphären-Zimmer mit halb offenem Bad im Neubau. Im Restaurant wird schon lange mit Produkten und Zutaten aus der Region gekocht, etwa mit Lammfleisch der nahen Schäferei Stotz.

Münsingen, Ernst-Bezler-Str. 1
hotelherrmann.de

HOFGUT HOHENKARPFEN

Der rund 910 Meter hohe Hohenkarpfen ist ein besonderer Berg: eine einzelne Erhöhung in erstaunlich symmetrischer Kegelform. Außergewöhnlich ist auch der jahrhundertealte Hof, der sich hier befindet: Er ist zu einem Ort der Begegnung geworden: mit Hotel, Restaurant und sogar einer Kunststiftung inklusive Museum. Mit viel Herzblut wird er von Susanne Ritzi-Mathé und François Howard Kurz geleitet. Sie hat eigentlich Sprachen studiert und ist dann doch aus Südamerika nach Süddeutschland zurückgekehrt, um das Projekt zu übernehmen, das ihr Vater durch den spontanen Kauf der ehemaligen Meierei begonnen hatte. Kurz kommt ursprünglich aus Namibia, hat auf dem Hofgut seine Ausbildung gemacht und wurde nach Stationen in Deutschland und anderen Ländern von Ritzi-Mathé zurückgeholt. Der Start war schwer, inzwischen aber kann das Hofgut auf ein großes Stammpublikum zählen, das die komfortablen Zimmer schätzt und abends liebend gerne auf der Terrasse bei gehobener Küche den fantastischen Blick in die Ferne genießt. Manche Gäste locken auch die Ausstellungen und die Kunstwerke im Gelände um den Hof, die Arbeiten von Stipendiaten sind. Ritzi-Mathé möchte in Zukunft allerdings eher flüchtige Kunst auf dem Gut fördern. Der Anfang ist gemacht: 2021 verwandelten 60 Musikerinnen und Musiker den besonderen Berg in eine Bühne.

Hausen ob Verena, Hohenkarpfen 1
hohenkarpfen.de

HOFGUT HOPFENBURG

Soll es ein Schäfer- oder Zirkuswagen sein, ein Tiny House, ein Tipi, eine Jurte oder doch lieber ein Safarizelt? Auf dem Hofgut Hopfenburg hat man die Qual der Wahl, was originelle Unterkünfte angeht. Oder aber man bucht sich hier einen Platz fürs eigene Wohnmobil oder Zelt. Der Ort Münsingen ist fußläufig entfernt, direkt nebenan beginnt das Naturreservat Beutenlay, und auch die zehn Hektar große Anlage selbst bietet ein Ferienidyll mit Eseln, Rindern und Waldschafen, Backhaus und Leseraum, Spielplätzen und Hofladen. Wer möchte, bedient sich morgens am Frühstücksbüfett, abends wird manchmal auch für die Gäste gekocht.

Münsingen, Hopfenburg 12
hofgut-hopfenburg.de

LANDGUT UNTERE MÜHLE

Bis ins 16. Jahrhundert reicht die Geschichte der ehemaligen Mühle an der kleinen Schmeie zurück. Die lange hier beheimatete Wanderschäferei gibt es nicht mehr. Einige Schafe aber leben immer noch auf dem ökologisch ausgerichteten Landgut der Familie Metzger, zu dem neben einem Landgasthof auch eine Wollmanufaktur gehört. Gäste übernachten in gemütlichen Zimmern oder in einem der drei Wagen direkt am ruhigen Fluss. Ein wunderbarer Ort, um mal richtig abzuschalten.

Straßberg, Mühlstr. 36
landgut-untere-muehle.de

LÉGÈRE HOTEL

Übersättigt von zu viel Albromantik? Dann ist dieses Hotel im Medizintechnik-Hotspot Tuttlingen ein guter Kontrast. Die »Légère«-Hotelgruppe setzt auf ein urbanes Lebensgefühl, das macht schon das »Faces« neben der Lobby klar, eine Mischung aus Bar und Restaurant, die nicht nur Hotelgäste gerne für einen Cocktail oder Burger aufsuchen. In den 114 Zimmern stehen eine kostenfreie Minibar und – in den höheren Kategorien – eine Kaffeemaschine bereit. So ungewöhnlich wie die offenen, halb in den Raum integrierten Badezimmer sind die markanten Aufnahmen des Modefotografen Ulrich HM Wolf über den Betten: eine Serie von äußerst großformatigen Gesichtsporträts, die auch mal mit Ginkgo-Blättern verziert oder mit einer lehmartigen Masse ausgestaltet sind.

Tuttlingen, Königstr. 25
legere-hotelgroup.com/tuttlingen

ROMANTIK HOTEL HIRSCH

Im Garten, in einer der Saunen, in den im Landhaus-Stil eingerichteten Zimmern: Das Hotel der Familie Windhösel bietet Gästen viele Möglichkeiten, sich zu erholen. Die meisten aber lockt das kulinarische Angebot hierher: Gerd Windhösel gehört zu den besten Köchen auf der Alb – und sorgt hier seit rund 30 Jahren für Hochgenuss. Im Restaurant pflegt er eine regional geprägte Spitzenküche, in der »Dorfstube« gibt's Klassiker wie Wurstsalat und Lammhaxe.

Sonnenbühl-Erpfingen, Im Dorf 12
romantikhotel-hirsch.de

Dichte Wälder, Streuobstwiesen, Felsen, Heiden, mäandernde Bäche: Die Schwäbische Alb ist nicht nur abwechslungs-, sondern mancherorts auch selten artenreich. Einige ihrer Bewohner stellen wir Ihnen hier vor

AUF INS LEBEN

DER GRÜNSPECHT hat eine Flügelspannweite von bis zu einem halben Meter und zwei unterschiedliche Spitznamen: »Fliegender Zorro« wird er wegen der schwarzen Maske um seine Augen genannt, »lachender Hans«, weil er wie ein lachender Mensch klingt, wenn er ruft. Wie viele Specht-Arten ist er auf der Alb verbreitet, er bevorzugt Streuobstwiesen wie diese im Vorland der Alb (Foto rechts)

FOTOS: THOMAS MUTH/KNESEBECK VERLAG, BERND NILL/KNESEBECK VERLAG

DIE WASSERAMSEL, gut erkennbar an ihrer weißen Brust, ist ein kleines Multitalent: Sie singt, läuft, fliegt, sie schwimmt und taucht. Entsprechend vielfältig ist ihr Speiseplan – was die Wasserqualität angeht, ist sie allerdings wählerisch. An sauberen, naturbelassenen und schnell fließenden Gewässern der Alb kann man sie häufig bei der Unterwasserjagd beobachten

DAS BLASSE KNABENKRAUT, eine selten gewordene Orchideenart, gedeiht nur auf kalkhaltigen Böden, von denen es auf der Alb einige gibt. Seine gelben Blüten sind zwischen April und Juni zu sehen. Die Alb bietet auch vielen weiteren Orchideen ideale Bedingungen, rund 40 Arten blühen dort im Frühjahr und Sommer in verschiedensten Farben

DIE WASSERFLEDERMAUS fliegt ganz nah über der Oberfläche stehender Gewässer oder sehr langsam fließender Bäche und Flüsse. Wenn sie dort Insekten oder kleine Fische entdeckt, fährt sie ihre Kescher aus, die sie immer dabei hat: ihre im Vergleich zum Körper ziemlich großen und mit Borsten behaarten Füße

FOTOS: BERND NILL/KNESEBECK VERLAG, BENJAMIN WALDMANN/KNESEBECK VERLAG, THOMAS MUTH/KNESEBECK VERLAG

DER SPERLINGSKAUZ ist eine Miniatur-Eule, er wird nicht größer als ein Star und wiegt kaum mehr als ein Tennisball. Dass er auf der Alb öfter gesichtet wird, ist ein gutes Zeichen, denn er fühlt sich in naturbelassenen Wäldern mit Alt- und Totholz wohl. Dort findet er seine Nahrung, die aus noch kleineren Vögeln und Nagern besteht – und Nistplätze wie diese abgestorbene Buche

FOTOS: THOMAS MUTH/KNESEBECK VERLAG, ELVIRA EBERHARDT

INTERVIEW

»WIR KENNEN JEDEN EINZELNEN BAUM«

Prof. Manfred Ayasse forscht und lehrt am Institut für Evolutionsökologie und Naturschutzgenomik der Universität Ulm unter anderem zur Bestäubung durch Insekten und zur Biodiversität auf der Schwäbischen Alb

MERIAN: Herr Ayasse, wie geht es der Alb in Bezug auf ihre Artenvielfalt?

MANFRED AYASSE: Leider haben wir wie überall einen Rückgang der Biodiversität zu verzeichnen. Aber es kommt sehr darauf an, welche Pflanzen- und Tiergruppen man anschaut – und welche Region. So sind die landwirtschaftlich intensiv genutzten Gebiete, zum Beispiel auf der Hochebene, weniger artenreich als die weniger bewirtschafteten Hänge der Traufregion im Nordwesten, etwa bei Reutlingen und Albstadt.

Was macht diese Hänge besonders?

Diese Albtraufgebiete sind oft steil und steinig und haben nährstoffarme Böden. Die Landwirte haben dort traditionell keine Äcker angelegt, sondern ihr Vieh raufgetrieben. Diese Flächen sind deswegen offen geblieben und bieten Kleinhabitate wie Trockenrasen mit Büschen und Bäumen. An solchen Orten wachsen viele verschiedene Pflanzen, darunter Orchideen und Enziane, die sofort verschwinden würden, wenn gedüngt wird.

Wirkt sich das auch auf die Tierwelt aus?

Ja. Schmetterlinge finden die passenden Pflanzen, auf denen die Larven leben können, und das gute Blühangebot zieht bestäubende Insekten an. Durch die vielen Insekten gibt es dann auch mehr Tiere, die von Insekten leben, etwa Fledermäuse und Vögel. Das sind komplexe Nahrungsnetze. Auch die Böden sind wichtig. So sind Gehäuseschnecken auf Kalk angewiesen, um ihre Häuser zu bauen. Davon profitiert die Zweifarbige

DER ALPENBOCK ist ein selten schöner und selten zu findender Käfer. Jenseits der Alpen kommt er in Deutschland nur auf der Alb vor. Sein mit feinen blauen Härchen bedeckter Körper misst rund vier Zentimeter, noch wesentlich länger sind die leuchtend blauen Fühler mit schwarzen Büscheln. Wer ihn sehen möchte, hat in sonnigen Buchenwäldern die besten Chancen

DER FEUERSALAMANDER gehört zu den Amphibien, mag milde Temperaturen und feuchte Witterung. Obwohl eigentlich nachtaktiv, ist er an regnerischen Herbst- und Frühlingstagen oft auch tagsüber in den Wäldern der Alb zu finden – zum Beispiel an Baumstämmen, denn er kann gut klettern. Jedes Tier hat seine individuelle gelbschwarze Musterung

Schneckenhausbiene, die ihre Brut in leeren Schneckenhäusern anlegt.

Gibt es Tiere, die sich stärker verbreiten, wenn die Artenvielfalt zurückgeht? Auf der Alb sieht man viele Greifvögel …

Es ist tatsächlich so, dass die Rotmilan-Population hier seit einiger Zeit sehr stabil ist. Man kann generell sagen, dass spezialisierte Tierarten stärker vom Rückgang der Biodiversität betroffen sind als anpassungsfähige Nahrungsgeneralisten wie der Mäusebussard oder der Rotmilan.

Sie betreuen das »Biodiversitäts-Exploratorium Schwäbische Alb«. Was ist das?

Es ist Teil des größten Biodiversitäts-Projekts in Europa: Finanziert durch die Deutsche Forschungsgemeinschaft werden in drei Gebieten in Deutschland seit 2006 auf je 100 unterschiedlich intensiv genutzten Flächen empirische Daten erhoben und Experimente durchgeführt. Diverse Forschungsgruppen untersuchen, wie sich die Intensität der Landnutzung auf die Biodiversität auswirkt. Wir haben Klimastationen und kennen in Waldbereichen jeden einzelnen Baum.

Welche Ergebnisse fanden Sie bisher besonders interessant?

Dass für die Biodiversität Störungen wichtig sind, in Wäldern zum Beispiel durch Stürme, aber auch durch Rückegassen der Holzwirtschaft. Dadurch entstehen viele neue Mikrohabitate. Oder dass nicht nur eine weniger intensive Landwirtschaft die Biodiversität der Insekten fördert, sondern auch ein häufiger Wechsel der Bewirtschaftung. So sind klein strukturierte Flächen, Übergänge und Feldränder wichtig für Arten, die nicht über große Äcker fliegen. ■

Die Fotos auf diesen Seiten stammen aus dem Buch »Wilde Alb«, einem bildgewaltigen Porträt der Landschaften und ihrer Bewohner, aufgenommen von Mitgliedern der Gesellschaft für Naturfotografie (Knesebeck Verlag 2019).

FOTOS: RENATE ETTL//KNESEBECK VERLAG,

Um 1900

Die Soldaten stehen stramm vor dem Wachhaus des großen Barackenlagers bei Münsingen, das ab 1895 gebaut wurde. Es bot Unterkünfte für die Soldaten, die auf dem zeitgleich entstandenen Truppenübungsplatz nördlich der Anlage trainierten – einer der größten Plätze dieser Art im Deutschen Reich. Die Orientierung auf dem Areal ist einfach: Die Straßen sind rasterartig angelegt, und je weiter oben am Hang sich die Baracke befindet, desto höher war der militärische Rang ihrer Bewohner. Bis heute thront das Offizierscasino am höchsten Punkt. Über ein Jahrhundert lang wurden Lager und Gelände militärisch genutzt. Ab 1908 etwa trainierten hier preußische Einheiten mit Fesselballons, 1943 reist Mussolini an, um eine neu aufgestellte italienische Gebirgsdivision zu begutachten. Nach 1945 übten NATO-Truppen auf dem rund 70 Quadratkilometer großen Gelände, es folgte die Bundeswehr. Erst 2005 war Schluss mit der militärischen Nutzung, zwei Jahre später wurde das Areal zum Kulturdenkmal erklärt. Der Truppenübungsplatz wird inzwischen als Naturziel entdeckt, als eine über hundert Jahre erhalten gebliebene Kulturlandschaft. Ganz frei bewegen darf man sich hier allerdings nicht: Auf dem Gelände sollen sich noch über eine halbe Million Blindgänger befinden.

Bummeln statt **strammstehen**

Das **Alte Lager** bei Münsingen ist heute ein überaus friedlicher Ort – mit militärischer Vergangenheit. Vor über 125 Jahren entstand es als riesiges Barackenlager für einen Truppenübungsplatz

2021

Das frühere Wachhaus und der Bau dahinter beherbergen heute das Informationszentrum des Biosphärengebiets, in dem sich das »Alte Lager« befindet. Mit seinen 140 Gebäuden ist es eine Sehenswürdigkeit: Kein anderes Barackenlager der Kaiserzeit ist so vollständig erhalten. Ein kleines Militärmuseum erinnert an die Vergangenheit, ansonsten haben sich unter dem Namen »Albgut« diverse Geschäfte und Gläserne Manufakturen auf dem Areal einquartiert. Nudeln und Seifen werden hier hergestellt, Springerle gebacken, Öle gepresst. Auf den weitgehend autofreien Straßen ist es ruhig, überall ist viel Platz – einen friedlicheren Ort kann man sich kaum vorstellen.

FOTOS: ARKIVI/IMAGO, GEORG KNOLL

Zu schade zum Reinbeißen: Seine Palmischbirnen verarbeitet Jörg Geiger zu einem komplexen, feinfruchtigen Birnenschaumwein

TIEF VERWURZELT

Vier Männer von der Alb machen aus dem, was hier lebt und wächst ganz eigene Spezialitäten. Ob Birnensekt, Bienenhonig oder Büffelschinken – was und wie sie produzieren, hat Vorbildcharakter

TEXT **JONAS MORGENTHALER** FOTOS **VOLKER RENNER**

REIFE LEISTUNG

Jörg Geiger setzt sich für Streuobstwiesen und alte Obstsorten ein. In seiner Manufaktur verarbeitet er die Ernte zu Destillaten, Schaumweinen und alkoholfreien Getränken, die viel mehr sind als einfache Fruchtsäfte

Wie hingeworfen wirken die Bäume auf den sanft geschwungenen Hängen. Die Stämme sind mal knorrig und über zehn Meter hoch, mal schmal und kerzengerade. Zwischen den Blättern lugen mal winzige grüne Birnen hervor, mal große, rotwangige Äpfel – zauberhaft! Wer durch Streuobstwiesen streift, sieht eine vielfältige, erhaltenswerte Kulturlandschaft. Wer aber eine besitzt, sieht darin oft eine Belastung, ein Erbe der Eltern oder Großeltern, das viel Arbeit macht.

Jörg Geiger will das ändern. 18 Hektar Obstwiesen gehören zu seinem Betrieb, und von über 300 Familien auf der Schwäbischen Alb lässt er sich die Ernte von 22 000 weiteren Bäumen liefern. Er will, dass die Menschen stolz sind auf das Wiesenobst, dass sie den Aufwand gern in Kauf nehmen – weil sie einen sensorischen Schatz erhalten. Denn Jörg Geiger, ein Mann mit Dreitagebart, breitem Lächeln und vielen Ideen, nutzt die Früchte wie eine Klaviatur, auf der er in seiner Manufaktur in Schlat außergewöhnliche Getränke kreiert. Rund fünfzig verschiedene alte Sorten stehen dem 52-Jährigen dafür zur Auswahl, vor allem Birnen und Äpfel.

Nur wenige kennen ihre Namen, wissen, was Nägelesbirne, Bohnapfel und Stuttgarter Gaishirtle ausmacht, wie man mit Goldparmänen, Gewürzluiken und Rotem Berlepsch umgeht. Solche ursprünglichen Sorten reifen an stark wurzelnden, hochstämmigen Bäumen, die anderswo, etwa im Alten Land bei Hamburg, längst wegrationalisiert wurden. Dort stehen jetzt vor allem Plantagen mit strauchartigen Bäumen, die schnell hohe Erträge bringen. Von den fünfziger bis in die siebziger Jahre gab es in der EG sogar Rodungsprämien für Hochstammobstbäume. Große Streuobstwiesen wie die zwischen Alb und Neckar sind in Deutschland zur Rarität geworden.

Geerntet wird fast ausschließlich von Hand und nicht vom Baum, sondern vom Boden. Geiger pflückt eine kleine Birne, gibt sie zum Kosten und freut sich über das zusammengezogene Gesicht des Gegenübers. »Das ist eine Champagner Bratbirne. Die vielen Gerbstoffe sind das Rückgrat für den Schaumwein aus dieser Sorte.« Die feinfruchtigen, komplexen Birnenschaumweine sind sein erstes großes Erfolgsprodukt. Von seinem Vater hat er ein Gasthaus in Schlat mit eigener Landwirtschaft übernommen, samt 350-jähriger Familientradition – und kleiner Destillerie. Am Ende des Abends rollte der Wagen mit den Hausbränden, einen eigenen Aperitif aber gab es nicht. Also kreierte Jörg Geiger den Schaumwein aus der Champagner Bratbirne, »im Gewölbekeller mit drei alten Holzfässern und ein paar Spinnweben«.

Es ist eine Wiederentdeckung, keine Neuerfindung: In seiner großen Sammlung von alter pomologischer Fachliteratur fand Jörg Geiger einen Eintrag von 1760, der diesen Verwendungszweck für die Birnensorte nennt – und einen von 1797, auf welchen der Name Champagner Bratbirne zurückgeht, weil darin die Ähnlichkeiten zum echten Champagner betont werden. Der Name hat ihm viel Aufmerksamkeit beschert: Nach einem langen Rechtsstreit mit dem Dachverband der

Jeder »Prisecco« hat sein eigenes Profil. Mal verfeinern Austernschalen das Aroma, mal ein Hauch von Meersalz oder Kaffeebohnen. Das Wichtigste bleibt aber: die Qualität der Früchte

Genuss ohne Reue: Den Birnenschaumwein gibt es auch alkoholfrei

Herbe Ernte: Die gerbstoffreichen Glockenbirnen werden für Obstschaumweine und Cider-Kreationen genutzt

Jörg Geiger pflanzt jetzt Obstbäume für die nächste und übernächste Generation. Den Trester seiner Obstweine nutzt er als Kompost und nährt damit die Böden, in denen die Bäume tief wurzeln können

Champagnerhäuser und -winzer wurde in einem Vergleich vereinbart, dass der Begriff Champagner nicht vorne auf seinen Flaschen steht. Seitdem findet man die genaue Bezeichnung der Birnensorte »zur Rettung der Grande Nation« auf dem hinteren Etikett.

Der nächste Erfolg ließ nicht lange auf sich warten. »2003 habe ich angefangen, alkoholfrei neu zu denken«, sagt er – und übertreibt kaum. Durch Krankheiten war der Jahresertrag der Champagner Bratbirne weggebrochen. So begann Jörg Geiger, nach bester schwäbischer Tüftel-Manier mit der knackigen Säure und den herben Gerbstoffen anderer alter Obstsorten zu experimentieren und den ersten »Prisecco« zu mischen: ein wie Sekt prickelndes Getränk auf Obstbasis, alkoholfrei, aber trotzdem vielschichtig und tief. Inzwischen hat er Dutzende weitere Varianten entwickelt, die »Priseccos« sind sein wichtigstes Geschäftsfeld geworden. Wie ein Parfümeur kombiniert er für sie sortenreine Säfte und verfeinert sie. »Das ist dann so, als wenn du eine Sauce kochst«, erklärt der gelernte Koch. »Da musst du auch abschmecken und daran arbeiten.« 200 Gewürze, 70 Kräuter und 20 Blüten hat er dafür ausgewählt. Auch wenn die Rezeptur steht, lässt sie sich nicht einfach wiederverwenden. Deswegen wird jede Charge im Team verkostet und abgeschmeckt, egal, ob es um 1000 oder 22 000 Liter geht.

Jede Sorte hat ein eigenständiges Profil. Bei der leichten, frischen »Cuvée Nr. 11« etwa trifft unreifer Apfel auf Eichenlaub, bei der »Cuvée Nr. 15« bekommen die süßen Aromen der Gelbmöstler Birne ein Apfelsäure-Rückgrat, während ein Kaltauszug aus gerösteten Bourbon-Kaffeebohnen malzig-karamellige Noten beisteuert. Auch eine Linie ohne Kohlensäure hat Jörg Geiger entwickelt, mit feingliedrigen Essensbegleitern wie die »Inspiration Nr. 4.1« mit Apfel und Vogelmiere, bei der Meersalz und ein Auszug aus gerösteten Austernschalen maritime Akzente ins Glas bringen.

Entscheidend ist aber schlussendlich die Qualität der geernteten Früchte – und die hängt auch vom Boden ab, weiß Jörg Geiger. In guten Böden können die Bäume tiefe Wurzelnetzwerke ausbilden und Symbiosen mit Pilzen und Bakterien eingehen. »Dadurch können sie als Immunabwehr gegen Schädlinge viele ätherische Öle ausbilden«, sagt er. »Und die braucht es, damit es geschmacklich interessant wird.« Deswegen versucht Jörg Geiger ein Gleichgewicht im Ökosystem zu erreichen, etwa indem er aus Trester einen hochwertigen Kompost macht oder den Boden mit Pflanzen wie Baldrian belebt.

Kürzlich hat Jörg Geigers Team eine Versuchsreihe mit einer Vielzahl von alten, schaumweintauglichen Birnensorten gepflanzt. Erst in zwanzig Jahren liefern die Bäume voraussichtlich wesentliche Erträge. Jörg Geiger arbeitet vor – für die nächste und übernächste Generation, weil auch er heute von den Bäumen profitiert, die seine Vorfahren gepflanzt haben. »Ich mache keine halben Sachen«, sagt er. Mit seinem Unternehmen ist auch das Sortiment stetig gewachsen. Aus überreifen Äpfeln, Birnen, Kirschen und Zwetschgen, die es in den immer häufiger werdenden Hitzejahren gibt, entstehen portweinartige Süßweine, die mindestens drei Jahre im Fass reifen. In den Regalen des Verkaufsraums in Schlat stehen auch Cider-Kreationen, Apfelwermutweine und ein Albkümmel-Destillat. Streuobstwiesen sind für Jörg Geiger eben keine Last. Sie sind sein Kapital.

Manufaktur Jörg Geiger
Am Stammsitz gibt es einen Verkaufsraum mit Verkostungstheke, außerdem finden regelmäßig Führungen und Menü-Abende statt.

Schlat, Eschenbacherstr. 1
manufaktur-joerg-geiger.de

Für seine prickelnden Obstgetränke braucht Jörg Geiger beste Früchte, deshalb legt er großen Wert auf die Qualität der Böden. 18 Hektar Wiesen gehören zum Betrieb, der auch Obstbrände und Spezialitäten wie Kümmelgeist, Apfelwermut und Apfelgin produziert

Bienen unter Beobachtung: Norbert Poeplau vom Verein »Mellifera« will den Bienen bestmögliche Lebensbedingungen bieten. Manche seiner Völker wohnen in Baumhöhlen, so wie es dem Wesen wilder Bienen entspricht

Da oben ist es«, sagt Norbert Poeplau. Er steht vor einem großen Baum und zeigt hinauf zu einem künstlichen Loch. In fünf Meter Höhe fliegen dort Insekten: Der Stamm dahinter ist teilweise ausgehöhlt und dient einem Bienenvolk als Zuhause. Es lebt hier fast wie in der Wildnis, aber unter Beobachtung: Die Bienen im Baum sind ein Forschungsprojekt der Lehr- und Versuchsimkerei Fischermühle, für deren rund 300 Völker Norbert Poeplau verantwortlich ist. Dahinter steht »Mellifera«, ein Verein, der sich seit 35 Jahren für eine ökologische und vor allem wesensgemäße, also artgerechte, Bienenhaltung einsetzt. Wer das natürliche Verhalten der Bienen ergründen will, muss eben auch mal nur zuschauen, statt ständig einzugreifen.

So entspannt wie Norbert Poeplau in seinen Bergschuhen über den Waldweg geht, nähert er sich auch den Bienen – ohne Schutzkleidung. »Wie aggressiv ein Volk ist, hängt zur Hälfte davon ab, wie ich mit ihm umgehe«, sagt er. Und bei der Fischermühle ist dieser Umgang stressarm für die Tiere und damit auch für den Imker. Wie Bienen gehalten werden können, wenn sie nicht in Baumhöhlen leben, zeigt der Bienenstand zwischen dem Wald und der ehemaligen Säge- und Getreidemühle, in der sich jetzt der Sitz des Vereins und die Imkerei befinden.

Am Bienenstand kann Norbert Poeplau Interessierten die Formen und Arten von Beuten zeigen, die Behältnisse, in denen Bienen leben. Darunter sind zwei Bienenstöcke, die von »Mellifera«-Imkern entwickelt wurden: die Einraumbeute und die Bienenkiste, zwei Erfolgsprojekte, die den Trend zur einfachen Bienenhaltung für Naturfreunde und zur Stadtimkerei im deutschsprachigen Raum mitgeprägt haben.

Herausziehbare Rahmen mit vorgeprägten Wachsplatten gibt es darin nicht. Die Tiere können ihre Waben an Leisten selber bauen und werden dabei kaum gestört. Das kostet die

TANZEN UND SCHWÄRMEN

In Rosenfeld betreut Norbert Poeplau 300 Bienenvölker. Hinter ihm steht der Verein »Mellifera« mit dem klaren Ziel, die Völker so zu halten, wie es ihrem Wesen als »Superorganismus« entspricht: Ihre Waben dürfen sie selber bauen, auch wenn die Honigausbeute dafür geringer wird

Bienen Energie und wirkt sich auf die Honigernte aus, die deutlich geringer ausfällt als in der konventionellen Imkerei. Allerdings, davon ist man hier überzeugt, fördert der Eigenbau die Gesundheit des Volkes. Wesensgemäße Haltung heißt auch, dass Bienenvölker nur über den natürlichen Schwarmtrieb vermehrt werden – und immer nur dann, wenn sie es selbst wollen, wenn sie also von sich aus Königinnen ausbrüten. In der konventionellen Imkerei gibt es da ganz andere Methoden, bis hin zur künstlichen Besamung.

Aber »Mellifera« will es eben anders machen. Gegründet wurden der Verein und die Imkerei 1986 als Reaktion auf das erste Bienensterben in Deutschland und auf die auf Erträge fokussierte Imkerei. Ursache war die Varroamilbe, ein mit der Honigbiene aus Asien eingeschleppter Parasit, gegen den die Westliche Honigbiene, nach dessen lateinischem Namen *Apis mellifera* der Verein benannt ist, keine natürliche Resistenz hat und der heute flächendeckend verbreitet ist. Soll das Volk nicht sterben, muss die Milbe ständig überwacht und bekämpft werden.

Der Verein wuchs und neue Projekte kamen hinzu. Viel Aufmerksamkeit erhält etwa die Initiative »Netzwerk Blühende Landschaften«. Sie fördert strukturreiche Landschaften, die Insekten eine große Blütenvielfalt bieten, »damit das Denken nicht am Bienenkasten aufhört«, sagt Norbert Poeplau.

Der Bienenkenner hat ursprünglich Wasserbau studiert und dann lange als Lehrer an einer Waldorfschule gearbeitet. Seit 16 Jahren arbeitet er bei der Imkerei Fischermühle. Nach wie vor begeistert ihn das Wesen der Bienen. Die Tänze, mit denen sie sich gegenseitig den Weg weisen. Überhaupt das Kollektiv, das viel mehr ist als die bis zu 60000 einzelnen Tiere eines Volkes. »Die Bienen leben im Sommer abgesehen von den Drohnen und der Königin höchstens sechs Wochen«, erzählt der 63-Jährige. »Aber so wie es angelegt ist, ist ein Volk potenziell unsterblich.« Ähnlich wie die Zellen eines Körpers werden die einzelnen Bienen ersetzt, das Volk erneuert sich also beständig selbst – theoretisch immerfort.

Organisiert sei dieses Volk nicht etwa wie ein Königreich, sondern eher basisdemokratisch. »So ist es quasi das Fußvolk, das bestimmt, dass eine neue Königin aufgezogen wird, indem es entsprechende Königinnenzellen baut«, sagt Norbert Poeplau. »Irgendwann legt die Königin dann ein Ei hinein und das Volk zieht eine junge Nachfolgerin auf.« Viele Experten sprechen daher auch nicht von der Biene, sondern von dem »Bien« – und meinen damit den Superorganismus, nicht das einzelne Insekt.

Norbert Poeplau betrachtet die Bienen auch als Vorbilder für das menschliche Miteinander. Erzählt er etwa vom Schwärmen, kommt er ins Schwärmen: »Wenn es eine Nachfolgerin gibt, zieht die alte Königin mit der Hälfte des Bienenvolkes und Futter für drei Tage aus. Es sind die Tiere mit Lebenserfahrung, die wegfliegen, und sie überlassen alles der nächsten Generation. Übertragen auf den Menschen wäre das so, als würde ich meinen Kindern Haus- und Autoschlüssel in die Hand drücken, sobald sie erwachsen sind, mir einen kleinen Rucksack packen und ausziehen, um anderswo neu anzufangen.«

Imkerei Fischermühle
Auf dem idyllischen Areal am Fuß der Schwäbischen Alb finden viele Seminare und Weiterbildungen statt. Interessierte können die Welt der Bienen an Besuchstagen kennenlernen oder durch die Schautafeln beim Bienenstand. Wer will, kann aber auch einfach im Shop ein Glas Honig kaufen.

Rosenfeld, Fischermühle 7
mellifera.de/imkerei-fischermuehle

Die Lebensweise der Bienen begeistert Norbert Poeplau. Obwohl eine einzelne Honigbiene nicht lange lebt, ist ihr Volk potenziell unsterblich. Die Tiere sind wie Zellen eines Körpers, die sich ständig erneuern

Feldversuch: Norbert Poeplau deckt eine Baumhöhle für Bienen ab

FOTOS: GEORG KNOLL

Die Büffel sind los auf der Alb – dank Züchter Willi Wolf (rechts). Metzger Ludwig Failenschmid schlachtet und verarbeitet so nachhaltig wie möglich

DER SCHINKEN-TÜFTLER UND DER ALB-COWBOY

Ludwig Failenschmid ist einer der besten schwäbischen Metzger, Willi Wolf ein außergewöhnlicher Züchter. Die beiden Typen sind so eigenwillig wie das Tier, das sie zusammengebracht hat: der Wasserbüffel

Im Kühlraum hängt eine gefüllte Rinderblase. Eine Versuchswurst, wie es sie hier immer wieder gibt. »Wir wollen etwas Ähnliches machen wie eine italienische Mortadella«, erzählt Ludwig Failenschmid. »Nur halt ein bissle abgewandelt«. Der magere Schweinenacken als Fleischeinlage passt, der beigemischte Zimt hingegen nicht. Der Metzgermeister muss das Rezept noch weiter verfeinern. Alb-Mortadella: Das klingt nicht unbedingt nach einer alteingesessenen Metzgerei mit Wirtshaus im kleinen Weiler Gächingen. Ludwig Failenschmid ist zwar stolz auf die Tradition seines Betriebs, die bis 1740 zurückreicht. Aber er ist eben auch ein Tüftler. Einer, der Qualität liebt und nur auf alte Gepflogenheiten beharrt, wenn sie Sinn machen. So wie die eigene Schlachterei. An der hielt Ludwig Failenschmid konsequent fest, als er 1990 den Betrieb von seinem Vater übernommen hat – obwohl sie mitten im Dorf ist, was bei den Behörden wegen der Emissionsbelastung eigentlich unerwünscht war. So wird bis heute alles von den Tieren verwertet und alles an einem Ort gemacht: Auf der einen Seite ist der Stall, in dem die Tiere noch eine oder zwei Nächte verbringen, bevor sie geschlachtet werden. In der Mitte wird zerlegt, verwurstet, gereift, geräuchert – und auf der anderen Seite sind die Fleischtheke und der Gasthof. Rund 15 Bauern aus der Umgebung liefern ihm die Tiere für seinen Betrieb. Ludwig Failenschmid stimmt sich direkt mit ihnen ab, macht per Handschlag Vereinbarungen, was die Fütterung anbelangt: möglichst alles vom eigenen Hof, ansonsten ganz sicher aus der Region. Seine bekanntesten Produkte haben Bio-Qualität: Fleisch und Würste vom Wasserbüffel.

Gerade hat Willi Wolf wieder drei Tiere gebracht. »Schwäbischer Cowboy« wird der Züchter genannt, und das nicht von ungefähr: Er trägt Karohemd und Cowboyhut, und wenn er seine Büffel auf die Weide treibt oder zurück zum Hof, tut er das stilecht auf dem Westernpferd. Schon als 14-Jähriger wollte er Bauer werden, mit zwanzig hat er den ersten Hof gepachtet. Als sich die Rinderzucht nicht mehr so gut rechnete, kam ein Freund auf die Idee mit den Büffeln. Willi Wolf schaute sich ein paar Betriebe in Deutschland an, fand Ludwig Failenschmid als interessierten Abnehmer – und brachte 2005 die ersten 36 Tiere aus Rumänien auf die Alb.

Inzwischen ist er im »theoretischen Ruhestand«, wie er sagt: Den Hof hat er verkauft, aber seine Büffel züchtet er weiterhin. Seine Herde ist etwa 220 Tiere groß, im Sommer teilt er sie in vier Gruppen mit jeweils einem Bullen auf. Denn die Tiere brauchen viel Platz: 170 Hektar hält er für sie bereit. An heißen Tagen braucht er auf den Weiden bis zu 30 000 Liter Wasser. Nicht weil die Tiere so viel trinken, sondern weil sie keine Schweißdrüsen haben und sich nur in nassen Suhlen kühlen können.

Respekt einflößend sehen sie mit ihren gebogenen Hörnern aus. Pflegt er da nicht eine gefährliche Leidenschaft? »Eigentlich ist der Büffel unheimlich ruhig und wird nicht

Es geht den beiden um viel mehr als nur die Wurst. Mit Büffelmaultaschen oder -rouladen zeigen sie, dass auch verrückte Ideen funktionieren, wenn man an sie glaubt

Beste Ware: Wurstvielfalt im Verkaufsraum der Metzgerei Failenschmid

Ludwig Failenschmid prüft im Reiferaum den luftgetrockneten Albbüffelschinken. Geräuchert wird in der Regel nur fürs Aroma

Der Züchter weiß: Wenn der Büffel etwas will, dann tut er es auch. Ruhig und ohne Hektik. Das Gleiche gilt für Metzger Ludwig Failenschmid. Auch er macht, worauf er Lust hat – zum Beispiel Wurst vom Wasserbüffel

hektisch«, sagt er. »Es ist allerdings so: Wenn der Büffel etwas will, dann tut er das auch.« Heißt: Wenn ihm jemand nicht passt, dann räumt er ihn eben ohne hektisch zu werden aus dem Weg. Vor dem Abtrieb bringt Willi Wolf alle Tiere zusammen auf eine Wiese, damit sie die Rangordnung ausfechten können. »Im Stall ist danach Ruhe, da sind dann über 200 Tiere und du hörst nix«, sagt Wolf.

Rund 100 junge Büffel bringt er jedes Jahr zur Albmetzgerei Failenschmid. Sie wachsen bei den Mutterkühen auf und werden etwa mit einem Jahr geschlachtet. »Sonst setzen sie zu viel Fett an«, erklärt Ludwig Failenschmid. »Das Fett schmeckt nicht so gut wie beim Rind und ist durch den hohen Schmelzwert auch nicht besonders für Würste geeignet.« Die ersten Büffelwurst-Versuche seien entsprechend misslungen, erinnert sich der Metzger. Inzwischen hat er rund zehn reine Büffelprodukte entwickelt, darunter ein lange gereifter Rohschinken und eine angenehm scharfe Salami mit grünem Chili-Mantel.

Vor einigen Jahren ist mit dem Alblinsenschwein ein weiteres regionales Projekt dazugekommen. Die Tiere werden mit Linsenschrot gefüttert, einem Abfallprodukt der hiesigen Linsenproduktion (siehe S. 110). Ludwig Failenschmid ist genau der Richtige für solche Herausforderungen, egal ob Linsenschweinschinken oder Wasserbüffelsalami. Denn bevor er die Metzgerei seines Vaters übernommen hat, ist er durch die Welt gereist und hat gelernt, wie anderswo gearbeitet wird, was in den USA, in der Schweiz und in Italien für Spezialitäten aus Schweine- und Rindfleisch entstehen.

Traditionell wird auf der Alb Fleisch geräuchert, um es haltbar zu machen. Ludwig Failenschmid entschied sich für einen anderen Weg: »Das Räuchern ist bei mir ganz hinten angestellt«, erzählt er, während seine Mitarbeiter ein Gestell mit Rohschinken zur Räucherkammer vorbeirollen. »Ich verwende die Methode eher zum Nachwürzen, um Produkte geschmacklich zu verfeinern. Haltbar mache ich sie vorher mit Salzen, Trocknen und Reifen.« Und so gibt es bei Failenschmid jetzt Delikatessen wie den 14 Monate alten, luftgetrockneten Albschinken. »Der ist nicht viel anders als ein Parmaschinken«, schwärmt der Metzger. Und wie weiß er, wann er perfekt ist? Je nach Jahreszeit und Wetter reife das Fleisch anders. Für einen Anhaltspunkt misst er den Wassergehalt. »Aber man muss vor allem schauen und auch fühlen.«

Sorgen macht ihm weniger der Reifegrad als der Nachwuchs: Es fehlt an Personal, im Service, in der Küche, in der Metzgerei, an den Fleischtheken. »In fünf Jahren ist die Hälfte meiner Mannschaft im Ruhestand«, sagt der Chef von 110 Angestellten. Umso mehr freut er sich über die beiden Lehrlinge, die er gefunden hat. Und über die treue Stammkundschaft der Metzgerei. Manche fahren alle paar Wochen auf die Alb, um hier groß einzukaufen. Und viele setzen sich danach auch gleich in den Gasthof und essen ein paar Maultaschen. Rund 5000 Stück werden pro Woche produziert, darunter auch solche aus regionalem Bio-Dinkelteig mit Büffelfleischfüllung. Eine Gruppe von Mitarbeiterinnen sorgt gerade für frischen Nachschub, formt auf einem großen Tisch gekonnt Teigtasche um Teigtasche. Nebenan schwimmen schon Dutzende in einem riesigen, mit Brühe gefüllten Gargerät. Bald ist Mittag. Und Maultaschen dürfen nun mal nicht ausgehen. ■

Albmetzgerei Failenschmid mit Landgasthof »Hirsch«
Weitere Failenschmid-Filialen gibt es in Reutlingen, Stuttgart, Würtingen und Münsingen. In Merklingen hat Ludwig Failenschmid zusammen mit Heiner Beck (»BeckaBeck«, siehe S. 98) kürzlich »H-Albzeit« eröffnet, eine »schwäbische Markthalle« mit Bäckerei, Metzgerei und Gastronomie (h-albzeit.de).
St. Johann-Gächingen, Parkstr. 2
failenschmid.de

Albbüffel-Zucht Willi Wolf
willi-wolf.de

Wasserbüffel brauchen Platz, Willi Wolf sorgt dafür: 220 Tiere hält er auf 170 Hektar. Ihr Fleisch verarbeitet Ludwig Failenschmid nicht nur zu Rohwürsten, es kommt auch in einige der Maultaschen, die im Gasthaus neben der Metzgerei serviert werden

Schäumende Träume: Eine herausragende Brauerei mit gutem Wirtshaus lockt Bierfans ins kleine Berg bei Ehingen

Feines von der Alb

Die besten Souvenirs sind immer die, die gut schmecken. Lassen Sie daher im Gepäck genügend Raum für Brote, Brände und Biere aus der Region – es lohnt sich!

BECKABECK

Kann eine Bäckerei mit zwanzig Filialen noch wirklich gutes Brot backen? Ja, sie kann, beweist Heiner Beck tagtäglich auf der Schwäbischen Alb. Er gibt seinen Teigen die nötige Ruhe, verwendet Getreide in Bio-Qualität und bezieht Weizen, Roggen und Dinkel, aber auch Leinsamen und Kümmel konsequent von Bauern und Mühlen aus der Region. Schon das normale Weizenbrötchen, Becki genannt, schmeckt hervorragend. Wer es würziger mag, greift zum Beispiel zur Albkruste, einem Sauerteigbrot mit hohem Roggenanteil, Kräutern und Gewürzen. Ein schmackhaft-süßer Zwischensnack ist wiederum das Apfelweckle, ein Dinkelbrötchen mit Apfelstückchen und Rosinen. Kurz: Hier finden alle einen Favoriten.

Filialen u. a. in Bad Urach, Blaubeuren, Münsingen und Pfullingen, beckabeck.de

BERG BIER

Seit 1757 wird die Traditionsbrauerei im Weiler Berg bei Ehingen von Familie Zimmermann geführt, inzwischen in neunter Generation. Sie braut die köstlichen Biere nach einer selten gewordenen Methode: Die Jungbiere gären, vom Braumeister genau beobachtet, zuerst in offenen Bottichen und reifen erst danach, mit frischer Hefe und Würze versetzt, im Tank weiter. Für Gäste gibt es eine Wirtschaft mit Freisitz, einen Shop, ein Biermuseum, Tastings und Braukurse. Wer auf den Geschmack gekommen ist, sich aber weiter südlich einquartiert hat, kann auch Wurmlingen bei Tuttlingen ansteuern: Dort befindet sich mit der »Hirsch-Brauerei« ein ähnlich traditionsreicher, gästeorientierter Betrieb (hirschbrauerei.de).

Ehingen-Berg, Brauhausstr. 2 (Brauerei), Graf-Konrad-Str. 21 (Wirtschaft) bergbier.de

BRENNEREI KOTTMANN

Der »Hirsch« in Gosbach ist ein in sechster Generation geführtes Bilderbuch-Gasthaus mit gehobener schwäbischer Küche und einigen Gästezimmern. Eigentlich schon Grund genug für einen Besuch, doch dazu betreibt Familie Kottmann auch noch eine hervorragende Brennerei. Und so vielfältig wie die nahen Streuobstwiesen, von denen die Früchte und Beeren geerntet werden, sind auch die Destillate. So gibt es allein über 30 reinsortige Brände aus Äpfeln und Birnen, dazu diverse Liköre, einen Dinkel-Whisky und vieles mehr. Wer in Probierlaune ist, bucht am besten gleich das »Alb-Natur-Pur«-Angebot: ein saisonales, auf den Aromen des Filstals ausgerichtetes 8-Gänge-Menü mit Destillat-Begleitung, inklusive Brennerei-Besichtigung und Übernachtung (165 € p. P.).

Gasthof-Restaurant Hirsch
Bad Ditzenbach-Gosbach, Unterdorfstr. 2
hirsch-badditzenbach.de

HOHENSTEINER HOFKÄSEREI

Die zweite Wasserbüffelherde auf der Schwäbischen Alb neben der von Willi Wolf grast um die Bioland-Hofkäserei der Familie Rauscher bei Ödenwaldstetten. Sie liefert zusammen mit ebenfalls hofeigenen Kühen Milch für aromatischen Rohmilchkäse: vom milden Albkäse über den würzigen Vesperkäse bis zu Spezialitäten wie dem »Albzarella« aus halb Kuh- und halb Büffelmilch, für den man jeden Standard-Mozzarella sofort liegen lässt. Erhältlich sind die Köstlichkeiten im Hofladen, auf einigen Wochenmärkten und an diversen Verkaufsstellen (siehe Website).

Hohenstein-Ödenwaldstetten, Heidäckerhof 1
albbueffel.de

FOTOS: VOLKER RENNER

HOTEL HOHENHAUS

So tagen Sie erfolgreich in konzentrierter Ruhe

Sie suchen eine Tagungshotel für einen kreativen Workshop oder für die Präsentation einer Produktneuheit? Wir empfehlen Ihnen das Tagungs-Hideaway des Jahres, das *Relais & Châteaux Hotel Hohenhaus*.

Erleben Sie eine maßgeschneiderte Infrastruktur speziell für Ihre Tagungswünsche. Wir offerieren Ihnen individuelle Tagungsräume für Sitzungen zwischen 10 und 180 Personen, ausgestattet mit modernster Technik, **Glasfaseranschluss** und individuell eingerichtet. Oder tagen Sie „unter Buchen“: führen Sie ausgewählte Besprechungen und Präsentationen „outdoor“ durch, auch in unserem Park arbeiten Sie selbstverständlich mit High-Speed-WLAN.

Einzigartig, sympathisch, exklusiv, harmonisch, diskret – das *Hotel Hohenhaus* bietet alle Bausteine für eine erfolgreiche Tagung. Unser Haus in Nordhessen ist aus ganz Deutschland bestens erreichbar. Via Autobahn, ICE – oder dank eigener **Hubschrauberlandeplätze** – auch mit dem Helikopter.

Sie tagen und arbeiten in absoluter Ruhe – die 3.600 Hektar Wald, Wiesen und Äcker, die das Hotel umgeben, bietet Ihnen gleichzeitig ausreichend abwechslungsreiche Möglichkeiten, um Kraft für einen **erfolgreichen Tagungsverlauf** zu tanken. Unsere ausgezeichnete, mehrfach prämierte Küche rundet ein Tagungsangebot ganz nach Ihren Bedürfnissen perfekt ab. Sprechen Sie mit uns über ein speziell an Ihren Wünschen ausgerichtetes, attraktives Angebot.

MICHELIN 2021
La Vallée Verte

MICHELIN Grüner Stern 2021
HOHENHAUS GRILL

★★★★★
TAGUNGS-HIDEAWAY DES JAHRES
Das stilvolle Relais & Châteaux Hotel ist eine perfekte Oase für Tagungen, Gourmets und Naturliebhaber

HOTEL HOHENHAUS

RELAIS & CHÂTEAUX · L'Art de Vivre RESIDENZEN · Grimm Heimat NordHessen

Hohenhaus 1 · 37293 Herleshausen
Telefon: +49 56 54 98 70
Telefax: +49 56 54 13 03
E-mail: info@hohenhaus.de
www.hohenhaus.de

Die Spulen drehen sich wieder: In Albstadt fertigt Rudolf Loder auf alten Rundwirkmaschinen hippe, hochwertige Hemden

TEXTILINDUSTRIE

DAS REVIVAL AN DEN SPULEN

Einst war die Alb ein internationales Textilzentrum. Die Massenproduktion ist längst abgewandert. Know-how und Qualitätsbewusstsein aber blieben und sorgen seit ein paar Jahren für einen Aufschwung im kleinen, feinen Maßstab

TEXT **JOHANNES TESCHNER** FOTOS **VOLKER RENNER**

Zwischen Mänteln, Westen und Stramplern aus Merinowolle steht Inga Rubens in einem 30 Quadratmeter großen Keller, sie macht den Eindruck, als könne sie es immer noch nicht ganz fassen. Dass sie und ihr Lebenspartner Florian Kirchner jetzt Textilunternehmer sind. Gründer eines Labels, das Hipster in Berlin toll finden. War ja auch so nicht geplant und liegt nur daran, dass ihr Sohn ein Schaf wollte.

Ein paar Jahre ist es her, da stellten sie dem hartnäckigen Kind das gewünschte Tier auf eine Wiese in der Nähe ihres Häuschens in Neidlingen, einer 2000-Seelen-Gemeinde auf der Schwäbischen Alb. Aus der Wolle, die bald anfiel, wollten sie Pullover machen lassen, für die Familie. Das passte zu ihnen, schließlich stellten sie auch Honig selber her, bauten Gemüse an, »so ein bisschen selbstversorgermäßig«, erzählt Rubens.

Doch die nahe gelegene Tuchfabrik nahm einen Auftrag über lediglich 50 Kilo Wolle nicht an. Inga Rubens und Florian Kirchner überlegten: Wolle gibt es in Neidlingen genug, die Schäfer wären dankbar für einen Abnehmer. »Also investierten wir und schickten zwei Tonnen zur Tuchfabrik«, sagt Rubens. Die Kleidung, so die Idee, könnten sie auf den örtlichen Märkten anbieten, auf denen sie auch Honig verkauften.

Aus den zwei Tonnen wurden Hunderte Meter gewebter Stoff. Die beiden nahmen Kontakt auf zu einer Näherei und zu einer Schnitt-Direktrice, bald schon hielten sie die ersten Jacken aus Merinowolle in den Händen. Doch dann kam Corona, und die Märkte fielen aus.

Eine Website musste her, ein Onlineshop, der Fotograf der örtlichen Zeitung machte Bilder, der passende Name für das Label war nach zwei Flaschen Wein auch gefunden: »Albnah«, ein Begriff, der dafür stehen soll, dass das Paar seine Produkte – anders als bei vielen etablierten Marken der Textilbranche üblich – ohne große Transportwege und ohne Chemie herstellt. »Und ab da lief die Sache irgendwie aus dem Ruder«, sagt Inga Rubens.

Die Besucherzahlen auf ihrer Seite schnellten bald hoch, vom niedrigen dreistelligen in den fünfstelligen Bereich pro Tag, und die beiden verbrachten neben ihren eigentlichen Berufen als Pädagogin und Baumpfleger immer mehr Zeit damit, im dafür angemieteten Keller Bestellungen aufzunehmen und Päckchen zu verschicken. »Wir haben Albnah nicht wirklich als Business geplant«, erinnern sie sich, »aber jetzt ist es eins.«

Als Anbieter von Kleidung reihen sie sich ein in eine große Tradition auf der Schwäbischen Alb: Keine andere Branche hat die Region so stark geprägt wie die Textilindustrie. Und so ungewöhnlich ihr Weg zum eigenen Label auch wirken mag: Mit ihrem Ansatz, eine kleine, feine Nische zu besetzen, auf Regionalität, Nachhaltigkeit und Qualität zu

Ein ganzer Maschinenpark steht an der Hochschule Reutlingen für Studierende der Fakultät »Textil und Design« bereit. Jochen Strähle (rechts) ist dort Dekan

setzen, stehen Rubens und Kirchner beispielhaft für den neuen Aufschwung der Textilproduktion auf der Schwäbischen Alb, der vor einigen Jahren begann.

»Wir sehen bei uns immer mehr Firmen, die sich erfolgreich auf einen sehr engen Markt konzentrieren, auf ein spezielles Produkt, das oft hochwertig ist«, sagt Jochen Strähle, Dekan der Fakultät »Textil und Design« an der Hochschule Reutlingen. Dass es diesen Fachbereich hier gibt, hängt mit der Historie der Gegend zusammen, Reutlingen war lange eine Hochburg der textilen Massenproduktion, wie im Grunde die gesamte Schwäbische Alb.

In der hügeligen Region mit ihren kargen, steinigen Böden, auf denen die Landwirtschaft den Menschen teils viel abverlangt, war die Wollverarbeitung schon im 18. Jahrhundert ein unverzichtbarer Nebenerwerb. Und als die Industrialisierung dann neue Möglichkeiten brachte, etwa mechanische Web- und Rundwirkstühle, angetrieben durch Dampfkraft, als die Alb an das wachsende Eisenbahnnetz angeschlossen wurde, schwang sich der ärmliche Landstrich im Süden Deutschlands nach und nach zu einem der wichtigsten Textilzentren Europas, ja der Welt auf. Zehntausende nähten, walkten, webten für die in prächtigen Villen residierenden »Textilbarone«. So wurden die führenden Unternehmer damals genannt.

»DIE REGION HAT IN IHRER DNA, WEITERZUMACHEN UND SICH ZU VERÄNDERN«

Jochen Strähle

Der Niedergang der Branche begann in den 1970er Jahren, als die Produktion erst nach Süd- und Osteuropa, dann nach Fernost abwanderte. Doch der Wegfall der Massenherstellung bedeutete nicht das Ende der Textilproduktion auf der Schwäbischen Alb, und für Jochen Strähle ist er ohnehin »keine Krise, sondern ein völlig normaler Vorgang«. Die Textilbranche sei nun mal geprägt von »kontinuierlichem Wandel«, und das hätten auch die Menschen auf der Schwäbischen Alb verinnerlicht. »Die Region hat in ihrer DNA diese Notwendigkeit, immer weiterzumachen, weiterzudenken, sich immer wieder zu verändern und anzupassen.«

Strähle kommt selbst von der Alb. In seinem Büro steht der gerahmte Schneider-Meisterbrief seines Großvaters von 1935. Auch seine Eltern waren in der Textilbranche; als er ein Kind war, seien Stofflager sein Spielplatz gewesen, sagt Strähle. Heute betrachtet der Spezialist für Mode-Marketing das Metier aus wissenschaftlicher Perspektive und macht zwei Wege aus, wie sich die örtliche Textilwirtschaft im globalen Wettstreit behauptet: durch das Besetzen werthaltiger Nischen à la »Albnah« – und durch Hightech.

Fabian Strauß läuft in einer Halle umher und überprüft eine gewaltige, mehrere Millionen Euro teure Anlage, die Vliesstoffe herstellt, wie sie etwa für Autositze, aber auch in der Medizintechnik oder im Baugewerbe benutzt werden. Der Textilingenieur hat gut zu tun. Seine Kunden wollen von ihm wissen, wie sie ihre eigenen Maschinen konfigurieren müssen, um bessere Ergebnisse zu erzielen. Das testet Strauß für sie, probiert Nadeleinstellungen und Stichfrequenzen, spielt mit Millimetern und Zehntelsekunden, variiert insgesamt Tausende Parameter.

Seine Video-Besprechungen hat er wegen der Zeitverschiebung frühmorgens mit Kunden aus Asien, abends mit Amerikanern. »Ja, und dazwischen halt mit den ganzen Europäern.« Fabian Strauß arbeitet bei »Groz-Beckert«. Die Firma aus Albstadt im Westen der Schwäbischen Alb ist Weltmarktführer für industriell genutzte Maschinennadeln sowie andere Präzisionsteile und Feinwerkzeuge, die für die

BLUES
GREENS

Inga Rubens und Florian Kirchner kauften ihrem Sohn ein Schaf. Dadurch Produzenten von Merino-Jacken zu werden, hatten sie eigentlich nicht vor

Herstellung technischer Textilien gebraucht werden. In mehr als 150 Ländern macht »Groz-Beckert« Geschäfte, beschäftigt weltweit rund 9000 Mitarbeiter. Ein Global Player aus der Provinz.

Fabian Stauß wollte eigentlich gar nicht dazugehören: »Ich dachte bei Textil erst, dann muss ich Unterhosen machen«, erzählt er. Aber bald erfuhr er, dass man mithilfe unterschiedlicher Ausgangsmaterialien und Vernadelungsgraden auch Carbonbremsen herstellen kann, künstliche Netzhäute oder sogar Brücken, die dank Textilbeton leichter sind als Stahlkonstruktionen und rostfrei bleiben. »Textil ist unglaublich vielfältig, wir sind umgeben davon, wissen es oft bloß nicht«, sagt Stauß. Nur wenn man nackt auf einem Stein stehe, heißt es in seiner Firma, habe man nichts mit den Produkten von »Groz-Beckert« zu tun.

Als Theodor Groz das Unternehmen 1852 in Albstadt gründete, war der Fluss des Ortes mal blau, mal rot, mal gelb – je nachdem, in welchem Ton die Textilfabriken, die ihr Abwasser in den Fluss leiteten, gerade ihre Kleidungsstücke färbten. Noch Anfang der 1980er Jahre hatte die Branche hier mehr als 30000 Beschäftigte. Das ist vorbei. Rund 300 Textilbetriebe haben seitdem in und um Albstadt aufgegeben. Und doch geht es weiter, zumindest bei »Groz-Beckert«. Und auch knapp sieben Kilometer weiter nördlich, beim ehemaligen Metzger Rudolf Loder.

In Loders Reich riecht es nach Maschinenöl. Das kommt von den Rundwirkstühlen, die zum Teil über 80 Jahre alt sind und die Loder von anderen ehemaligen Textilunternehmen übernommen hat. Loder ist einer von wenigen, die noch wissen, wie man die aus mehr als 20000 Einzelteilen bestehenden, rein mechanischen Apparaturen bedienen und warten muss. Er liebt diese Maschinen. Erst recht, seit sie ihn – zu seiner eigenen Verwunderung – zum Hersteller eines weltweit gefragten Trend-Produkts gemacht haben.

Eigentlich hatte Loder die Stühle einzig für seine kleine Textilfirma »Gota« gekauft, die er seit seinem Ausstieg aus der Fleischbranche aufgebaut hat und mit der er konventionelle Unterwäsche fertigt. Aber es kam anders: In der Insolvenzmasse, die der Schwabe von örtlichen Unternehmen übernommen hatte, befanden sich auch rund 100 Jahre alte Arbeiterhemden der einstigen Albstädter Traditionsmarke »Merz b. Schwanen«. Loder wusste nichts anzufangen mit den langärmeligen, mit Knopfleiste versehenen Unterhemden, die Arbeiter früher trugen, weil sie Schweiß gut aufnahmen und robust waren. Er verschenkte sie, und über Umwege landeten einige auf einem Berliner Flohmarkt. Dort sah sie der Designer Peter Plotnicki – und hatte eine Geschäftsidee.

Plotnicki recherchierte den Ursprung der Hemden, kontaktierte Loder und stellte begeistert fest, dass dieser genau jene Maschinen besaß, mit denen man sie originalgetreu herstellen konnte. Als sich dann noch die Familie Merz bereit erklärte, ihren altehrwürdigen Firmennamen für die Neuproduktion zur Verfügung zu stellen, ging es los.

Wobei Loder zunächst skeptisch war. Als Plotnicki ihm erklärte, die Hemden in Berlin für etwa 100 Euro anbieten zu wollen, sei er ganz schön ins Schwitzen gekommen. »Ich konnte mir nicht vorstellen, dass das funktioniert, ehrlich gesagt nicht einmal, dass diese Dinger überhaupt noch jemand tragen will«, sagt er.

»ALBNAH WAR NICHT ALS BUSINESS GEPLANT, ABER JETZT IST ES EINS«

Inga Rubens und Florian Kirchner

»ICH KONNTE MIR NICHT VORSTELLEN, DASS UNSERE HEMDEN NOCH JEMAND WILL« *Rudolf Loder*

Als der ehemalige Metzger Rudolf Loder ins Textilbusiness einstieg, ahnte er nicht, dass bald vor allem alte Arbeiterhemden von der Alb sein Verkaufshit werden würden

Mittlerweile verkaufen Loder und Plotnicki jährlich Zehntausende Hemden auf der ganzen Welt. Loder hat schon japanische Top-Designer zu Besuch in Albstadt gehabt, die sehen wollten, wo die Kleidungsstücke herkommen, die in ihrer Heimat so beliebt sind. »Mit denen haben wir dann Leberkäs gegessen«, sagt er und lacht, als hätte er gerade einen besonders guten Witz erzählt.

Für Loder ist es immer noch ein wenig rätselhaft, dass die einstigen Arbeiterhemden zum Lifestyle-Utensil trendbewusster Großstädter rund um den Globus geworden sind. Ihr Erfolg ist denn auch ein von Berlin aus inszeniertes Marketing-Meisterstück. In den Werbefotos und -videos von »Merz b. Schwanen« fallen gut ausgeleuchtete Stoffschläuche wie wallende Wolken von den Rundwirkstühlen, zu satten Elektro-Beats wechseln sich Nahaufnahmen der Maschinen mit historischen Schwarz-Weiß-Bildern von der Alb.

Jochen Strähle von der Hochschule Reutlingen sieht auf diese Weise den »Wunsch nach Tradition« bei der urbanen Käuferschaft bedient, eine Sehnsucht »nach der guten alten Zeit, nach Qualität – und nach einer Story, die dahintersteht«. Die Hemden von Loder seien ja nicht bloß auf alt getrimmt, sondern hätten eine authentische Historie, und das ziehe viele Menschen an. »Das hat letztlich auch was mit Identität zu tun, wie das bei Mode immer der Fall ist«, sagt Strähle, der selbst gern schwarze Rollkragenpullover trägt. »Es hilft dabei, sich in einer Welt digitaler Unendlichkeit wieder besser zu verorten.«

Nun ist es ironischerweise gerade die unendliche digitale Welt, die es Firmen wie »Merz b. Schwanen« und »Albnah« erleichtert, ihre Botschaft der Regionalität und Verwurzelung an die weit entfernte Käuferschaft zu bringen. Und Jochen Strähle arbeitet daran, diese Welt auf ein neues Level zu heben.

An der Hochschule experimentiert er mit neuartigen Touchscreens, die mithilfe von Elektromagnetismus die Haut der Finger anziehen und so das Gefühl von Widerstand erzeugen. Je nach Ausbildung der elektromagnetischen Impulse ändert sich dieser Eindruck, kann gröber oder kleinteiliger wirken. Im Moment sind Strähle und sein Team noch in der Testphase, aber Ziel ist es, unterschiedliche Strukturen immer genauer wiedergeben zu können. Am Ende könnte das bedeuten, dass man beim Onlineshopping den Stoff des Kleidungsstücks, für das man sich interessiert, schon auf dem Tablet fühlen kann.

Für Marken wie »Merz b. Schwanen« und »Albnah«, die auf Qualität setzen, wäre das mutmaßlich ein großer Vorteil. Auch wenn Inga Rubens stutzt, wenn sie von solchen Plänen hört. Beeindruckend klinge das zweifellos, meint sie, aber irgendwie behage ihr diese Vermischung von Realität und Virtualität nicht so ganz. Sie frage sich, wo das noch hinführe.

Vielleicht dazu, dass sie bald einen größeren Keller braucht.

Johannes Teschner *bedauert, dass er nicht die Zeit hatte, sich mit »Merz b. Schwanen«-Hemden einzudecken – in Albstadt sind sie deutlich günstiger als in Berlin.*

TEXT **JOHANNES TESCHNER**

Das geheime Töten

Auf einem Jagdschloss südlich von Bad Urach ermordeten die Nationalsozialisten mehr als 10 000 Menschen. Thomas Stöckle von der **Gedenkstätte Grafeneck** erzählt, warum das Gedenken daran viel mit dem Hier und Jetzt zu tun hat

Hinter einer strahlend gelben Fassade liegt ein Ort des Grauens: Schloss Grafeneck, eine ehemalige Jagdresidenz der württembergischen Herzöge. Eine Allee, die von Linden und Kastanien gesäumt ist, führt dorthin.

Am 18. Januar 1940 fährt ein Bus mit verhüllten Fenstern auf das Gelände. Die 25 Insassen werden registriert, fotografiert. Und direkt im Anschluss vergast man sie in einem kleinen Nebengebäude des Schlosses. Die »Aktion T4« hat begonnen. Mit dem nach einer Berliner Dienststelle benannten organisierten Massenmord an behinderten und psychisch kranken Menschen wollen die Nationalsozialisten all jene vernichten, deren Leben sie als »unwert« ansehen. Bis 1941 fallen diesem Verbrechen 70 273 Männer, Frauen und Kinder zum Opfer. 10 654 davon in Grafeneck.

Heute gibt es auf dem Schlossareal eine Pflegeeinrichtung für behinderte Menschen, eine Gedenkstätte sowie ein Dokumentationszentrum, das an die Geschehnisse erinnert. Der Historiker Thomas Stöckle hat es aufgebaut.

MERIAN: Herr Stöckle, wieso wählten die Nationalsozialisten Schloss Grafeneck für die »Aktion T4« aus?

THOMAS STÖCKLE: Der systematische Mord an Menschen mit Behinderungen und Krankheiten sollte als »Geheime Reichsache« im deutschen Südwesten beginnen. Das Schloss Grafeneck liegt abgeschieden auf der Schwäbischen Alb, die nächsten großen Orte sind kilometerweit weg. Das kam den Tätern zupass. Die nötige Infrastruktur war vorhanden, mehrere Gebäude, und alles war leicht absperrbar.

Die Täter haben dann im Schloss gewohnt?

Ja, sie hatten dort ihre Dienst- und Wohnräume, ungefähr 80 Männer und Frauen: Ärzte und Polizisten, Krankenpfleger, Schreibkräfte, Fahrer, die SS-Wachmannschaft. Sie haben Feste gefeiert, Radtouren gemacht, sind Ski gefahren, haben sich Essen aus dem besten Feinkostgeschäft Stuttgarts kommen lassen. Sie wurden ja auch gut entlohnt, bekamen Zulagen, da sie eine reichswichtige Aufgabe erfüllten.

Die Ermordung Tausender Menschen.

So ist es. Mit Bussen und der Bahn haben sie die Opfer aus Psychiatrien und Pflegeanstalten in Baden-Württemberg, Bayern, Rheinland-Pfalz, Hessen und Nordrhein-Westfalen abgeholt, am Tag der Ankunft vergast und die Leichen verbrannt.

Abgeschieden liegt Schloss Grafeneck, zehn Jahre nach dieser Aufnahme begann dort das Morden. Jedem und jeder der 10 654 Toten hat der Künstler Jochen Meyder eine Terrakotta-Figur gewidmet

Bald gab es weitere solcher Tötungsanstalten über das Deutsche Reich verteilt.
Insgesamt sechs. Aber Grafeneck war die erste. Hier begann der systematische Massenmord.
Was hat man den Angehörigen der Opfer gesagt?
Die bekamen etwa zwei Wochen nach dem Mord die Todesurkunde per Post. Darin stand dann eine fiktive Todesursache, irgendeine Krankheit. Die Angehörigen bekamen auf Wunsch auch eine Urne mit Asche aus dem Krematorium – also Sammelasche verschiedener Opfer, nicht die ihres Verwandten.
Das hat man gemacht, um den Schein zu wahren?
Genau. Es gab kein Gesetz zur »Vernichtung unwerten Lebens«, wie das Regime den Massenmord genannt hat. Das hätten die nationalsozialistischen Juristen zwar gerne gehabt, aber die Führung war der Meinung, das sei der Bevölkerung nicht zuzumuten. Also hat man einen Apparat aufgebaut, um das Verbrechen zu verschleiern. Im Schloss wurde ein Standesamt eingerichtet für die Urkunden, und zahlreiche Schreibkräfte verfassten die Anschreiben an die Verwandten.
Aber das muss bei der Anzahl der Opfer doch sehr schnell aufgefallen sein ...
Das ist schon nach wenigen Wochen aufgefallen. Viele Familien haben nachgehakt: Wie kann das sein? Der oder die Verstorbene war doch vor Kurzem noch wohlauf. Was ist eigentlich dieses Grafeneck? Wieso wurde er oder sie dahin verlegt, wieso wurde ich nicht informiert? Trotzdem blieben die Proteste insgesamt so verhalten und vereinzelt, dass die Morde weitergingen. Als Grafeneck im Dezember 1940 den Betrieb als Tötungsanstalt einstellte, hatte man das Soll übererfüllt. Ursprünglich waren 20 Prozent der Menschen aus Kliniken und Pflegeeinrichtungen im Einzugsgebiet als Zielgröße von Berlin vorgegeben – am Ende waren es 50 Prozent.
Wie wurde überhaupt definiert, wer als »unwert« galt?
Das wichtigste Kriterium war Produktivität, die Leistungsfähigkeit eines Menschen. Die entscheidende Frage lautete: Wer kann in den Einrichtungen noch arbeiten? Wer das nicht konnte, galt als »unnütz« und war todgeweiht.
Es gibt auch außerhalb von Pflegeeinrichtungen Menschen, die nicht arbeiten können.
Und genau das, die grenzenlose Anwendbarkeit des Kriteriums der Produktivität, hat dazu geführt, dass die »Aktion T4« auf zunehmenden Unwillen in der Bevölkerung, aber auch in Teilen der NSDAP selbst stieß und im August 1941 letztlich doch reichsweit abgebrochen wurde.
Wie genau kam es dazu?
Der Bischof von Münster, Clemens August Graf von Galen, prangerte die Morde in mehreren Predigten an, formulierte unter anderem die Fragen: Was passiert mit uns, wenn wir alt sind? Was passiert mit Soldaten, die als Invaliden von der Front heimkehren? Und wer entscheidet eigentlich, welches Leben als nützlich gilt, welches als unnütz? Diese Predigten wurden mitgeschrieben, gedruckt und verbreiteten sich rasch im ganzen Land. Das war aus Sicht des Regimes brandgefährlich, man fürchtete größeren Aufruhr, und so gab Hitler den Befehl, das Mord-Programm zu beenden.
Weiß man, wie viele Menschen dadurch verschont blieben?
Genau kann man das nicht sagen. Aus einem Tagebucheintrag von Joseph Goebbels kann man herauslesen, dass die Nationalsozialisten eigentlich etwa 100 000 Menschen in der »Aktion T4« töten wollten.
Nach dem Krieg wurde lange geschwiegen über das Euthanasie-Programm.
Allerdings, eine echte Aufarbeitung, in der Gesellschaft wie in der Geschichtswissenschaft, begann erst in den 1980er Jahren. Das liegt sicher auch daran, dass es sich um ein Verbrechen nahezu ohne Überlebende handelte – anders als beim Holocaust gab es niemanden, der nach Krieg und Diktatur von den Geschehnissen berichten konnte. Und die Kliniken und Pflegeeinrichtungen, aus denen die Opfer meist ohne Protest abtransportiert wurden, hatten auch kein Interesse daran, ihre Rolle aufzuarbeiten, von den Tätern ganz zu schweigen.
Das Dokumentationszentrum wurde dann auch erst 2005 eröffnet. 60 Jahre nach Kriegsende.
Ja, sehr spät, und dabei merke ich in meiner täglichen Arbeit, wie wichtig die Erinnerung ist. Wir haben 400 Besuchergruppen pro Jahr, darunter viele Schulklassen. Und ich denke, die nehmen hier schon grundsätzliche Botschaften mit.
Welche Botschaften zum Beispiel?
Dass die Voraussetzung für die Verbrechen, die hier begangen wurden, die Zerstörung der Demokratie war. Erst in der Diktatur, die nach Ausbruch des Krieges zunehmend radikal agierte, waren diese staatlich gelenkten Gräuel möglich. Es gilt also, die Demokratie wertzuschätzen und zu schützen.
Ein sehr aktuelles Thema.
Absolut. Und es gibt noch etwas, das mir am Herzen liegt: Dass unseren Besuchern bewusst wird, wozu Abwertung und Ausgrenzung von Menschen letztlich führen können. Auch das ist ein hochaktuelles Thema. Wir zeigen in der Ausstellung auch Beispiele für nationalsozialistische und aus unserer heutigen Sicht pseudowissenschaftliche Propaganda, die behinderte Menschen entwürdigt und verunglimpft. Und ich erlebe manchmal, wie Schüler diese Darstellungen mit Dingen in Verbindung bringen, die sie in ihrem Alltag oder im Internet mitbekommen, wie Rassismus und Mobbing. Das ist eine Entwicklung, auf die wir als Gesellschaft achten müssen.

DIE GEDENKSTÄTTE GRAFENECK

... gibt es seit 1990; 2005 wurde zwischen ihr und dem Schloss das **Dokumentationszentrum** eröffnet. Dort ist eine Dauerausstellung mit dem Titel »Grafeneck 1940 – Krankenmord im Nationalsozialismus« zu sehen. Wer die Gedenkstätte nicht im Rahmen eines Seminars besucht (anmelden!), kann auch einen Audioguide ausleihen.
gedenkstaette-grafeneck.de

FOTOS: BILDARCHIV GEDENKSTÄTTE GRAFENECK DOKUMENTATIONSZENTRUM (2), THOMAS STÖCKLE

DER LAUF DER LINSEN

TEXT **JONAS MORGENTHALER**
FOTOS **VOLKER RENNER**

Linsen gehören zur schwäbischen Küche, aber auch auf die Schwäbische Alb. Schon vor Jahrtausenden wurden sie hier angebaut. Eine Weile aber war die Tradition vergessen. Bis ein Netzwerk von Bio-Bauern sie wieder aufleben ließ. Wir haben den Weg der schmackhaften Pflanze mitverfolgt – vom Acker bis auf den Teller

Kurze Wege
Viele Alblinsen werden nicht weit vom Acker zubereitet – im Restaurant »1950« kommen sie, wie hier, als Taler aus der Küche, aber auch als Ragout oder Chip

Was aussieht wie Kraut und Rüben, ist in Wirklichkeit ein Linsenacker. Wild und ungepflegt wirkt er, wie ein Gegenentwurf zu einem konventionellen Maisfeld, auf dem die Pflanzen strammstehen und sonst kaum etwas anderes wächst. Hier ist das anders: Im gemäßigten, oft sommerfeuchten Klima der Alb braucht die Linse ein Getreide als Stützfrucht, sonst würden die Pflanzen beim Wachsen umfallen und schnell schimmeln. So entdeckt, wer genauer hinschaut, im Durcheinander eine Ordnung: unten das Geflecht der Linsen mit ihren kleinen, grünen Fiederblättchen, oben die Halme und Rispen des Hafers. Auch Schönheit lässt sich darin erkennen: »Ich sehe viele Linsen, und ich sehe Biodiversität«, sagt Bio-Bauer Franz Häußler. Tatsächlich wachsen auf dem ökologisch bewirtschafteten Feld auch Disteln, Kornblumen und vieles mehr. Unkraut, würden viele sagen. »Wildkräuter«, sagt der 59-Jährige. »Die Disteln blühen eben mit, das freut die Schmetterlinge. Und diese Vielfalt schafft eine Balance zwischen Nützlingen und Schädlingen.«

Neben Franz Häußler steht Lutz Mammel am Rand des Ackers bei Mehrstetten. Mit seinem Betrieb »Lauteracher Alb-Feld-Früchte« sorgt er dafür, dass die biologisch angebauten »Alb-Leisa« getrocknet, gereinigt und verpackt an die Kundschaft kommen. Das Jahr war schlecht für den Linsenanbau: Im Frühling war es zu kalt, im Sommer zu regnerisch. Auch die Pflanzen auf dem Feld bräuchten noch mehr Sonne und Wärme, damit sich in den braunen Hülsen möglichst viele reife Samen befinden. Doch jetzt ist schon September, und in den nächsten Tagen soll es regnen. Warten bringt nicht mehr viel, finden die beiden. Also heute ernten, oder morgen – und auf einen trockenen Tag hoffen.

FRANZ HÄUSSLER ist einer der ersten Bio-Bauern, die auf der Alb wieder Linsen angebaut haben – zusammen mit Braugerste für die nahe Brauerei Berg

Bereit zur Ernte
Auf diesem Acker bei Mehrstetten wachsen Linsen mit Hafer als Stützfrucht

Die Linsen sind ein Vorzeigeprojekt auf der Alb. Ein regionales Lebensmittel, das vom Acker bis auf den Teller oft nur wenige Kilometer reist. Wir wollen sie dabei begleiten. Und der erste Halt macht gleich eine Sache klar: Es ist die Natur, die den Ton angibt. Das Feld gehöre noch zu den besten dieses Jahr, weiß Lutz Mammel. Insgesamt sei die Ernte katastrophal, sagt er mit einem Lächeln. Ist halt so, da kann man nichts tun.

Die meisten anderen Felder sind schon abgeerntet. Gerade werden bei Lutz Mammel die letzten Ladungen abgeliefert, Linsen mit Hafer, Linsen mit Gerste. Schraubenförmige, rotierende »Schnecken« befördern sie zu ratternden Maschinen und pustenden Gebläsen. Es dröhnt und stiebt auf diesen Parcours, auf denen Linsen von Hülsen, Unkraut und Steinchen gereinigt und mit Warmluft getrocknet werden. Der »Trieur« trennt dabei durch einfache Mechanik das Runde vom Länglichen – also die Linsen vom Getreide, mit dem sie angebaut wurden. Früher war das Auslesen der Linsen mühsame Handarbeit, für die oft die Kinder zuständig waren. Früher, das heißt auf der Alb: Bevor der Linsenanbau verschwunden ist. Abdrücke auf eisenzeitlicher Keramik beweisen, dass er in dieser Region schon vor 3000 Jahren existierte. Doch seit den 1950er Jahren war die aus Vorderasien und der Mittelmeerregion stammende Feldfrucht von der Schwäbischen Alb verschwunden. Den hiesigen Bauern erschienen der Aufwand zu groß und die Preise der Import-Linsen aus der Ukraine, aus Griechenland oder aus Südfrankreich zu niedrig, um damit zu konkurrieren.

Erst 1983 begann Lutz Mammels Vater Woldemar, auf der Alb wieder Linsen anzubauen. Für 17 Jahre wuchsen sie nur auf dem Bioland-Hof Mammel in Lauterach. Doch dann konnte Woldemar Mammel Kollegen wie Franz Häußler überzeugen, ebenfalls »Alb-Leisa« anzubauen. Alle getrockneten und gereinigten Linsen wurden zum Schluss in Lauterach verpackt und verschickt. Als die Sache mit den Linsen für den Bioland-Hof Mammel zu viel wurde, hat Lutz Mammel sich 2008 »relativ spontan« entschlossen, das Projekt zu übernehmen, damit es nicht untergeht. Eigentlich hat der 45-Jährige Zimmermann gelernt, dann Architektur studiert und als Zweitstudium Ökologische Landwirtschaft. Sein Jugendtraum war es, in der Entwicklungshilfe zu arbeiten, in Zentralasien oder Südamerika. Doch erste Erfahrungen vor Ort hätten ihn etwas

DAS ERFOLGSREZEPT? LEIDENSCHAFT – UND EIN LANGER ATEM

LUTZ MAMMEL sorgt mit seinem Betrieb »Lauteracher Alb-Feld-Früchte« dafür, dass die Linsenernte von 120 Bauern gereinigt und verpackt zur Kundschaft kommt

Auskippen, reinigen und trocknen Auf einem Hof der Erzeugergemeinschaft werden Linsen mit Gerste abgeladen

desillusioniert, also hat er sich den Linsen gewidmet. Jetzt mache er eben »Entwicklungshilfe in der Heimat«, hat sein Vater damals gesagt. Zu Recht: »Lauteracher Alb-Feld-Früchte« vertreibt heute die Linsenernte von 120 Bio-Bauernhöfen.

Man hilft sich aus in der Erzeugergemeinschaft, arbeitet gemeinsam. Vielleicht ist das mit ein Grund dafür, dass jedes Jahr neue Bauern dazukommen. Vermutlich spielt auch mit, dass die Linse hier kulinarisch so stark verankert ist. Wer dabei ist, erzeugt immerhin eine Hauptzutat für den schwäbischen Klassiker Linsen mit Spätzle. Vor allem wegen der kleinteiligen Strukturen und der Ernteausfälle muss Lutz Mammel für die »Alb-Leisa« doppelt so viel verlangen, als man etwa für Biolinsen aus Frankreich oder Kanada zahlt. Dennoch hat er keine Absatzprobleme: »Die Nachfrage war immer höher als das Angebot.«

Wer die Alblinsen kauft, erhält eben auch das gute Gefühl, einen regionalen, nachhaltigen Kreislauf zu unterstützen. Die Wege der kleinen Proteinbomben sind kurz, Pestizide verboten, und auf den Äckern herrscht eine erstaunliche Pflanzenvielfalt. Woldemar Mammel regte mehrmals an, sie wissenschaftlich zu untersuchen – mit dem Ergebnis, dass darauf mehr Pflanzenarten gefunden wurden als auf den Blühstreifen, die vor allem konventionell arbeitende Bauern als Reaktion auf das Insektensterben am Rande ihrer Äcker aussäen, um Biodiversität zu fördern.

»Lauteracher Alb-Feld-Früchte« besteht aus einer Scheune mit Reinigungs- und Trocknungsmaschinen und einem Neubau mit hübschem Verkaufsladen und einem großen Bereich für den Vertrieb. Den braucht es auch: Lutz Mammel beliefert rund 1500 Läden. Auch Hanfsamen, Leindotteröl, Hirse, Buchweizenmehl und weitere Spezialitäten füllen im Laden die Regale – Lutz Mammel versucht, die Erzeugergemeinschaft etwas breiter aufzustellen.

Vor allem aber gibt es drei Sorten Linsen. Die »dunkelgrüne marmorierte Linse« hat ein würziges Aroma und ist auch als Puy-Linse bekannt. Doch so darf die Sorte nur genannt werden, wenn sie wirklich aus Le-Puy-en-Velay in der Auvergne kommt. Mit ihr begann die Linsen-Renaissance auf der Alb. Dass daneben mit »Späths Alblinse I« und »Späths Alblinse II« auch zwei regionaltypische Sorten erhältlich sind, ist eine kleine Sensation. Der Landwirt Fritz Späth hatte sie in den 1930er und 1940er Jahren aus hiesigen Gewächsen gezüchtet, doch sie galten als verschollen. Bis 2006 ein Bekannter von Woldemar Mammel die historischen Sorten im Wawilow-Institut in St. Petersburg wiederentdeckte und die traditionsreiche Genbank für Pflanzen, eine Art Archiv der Nutzpflanzenvielfalt, ein paar Proben nach Deutschland schickte. Im Jahr darauf reiste eine kleine Gruppe schwäbischer Bauern nach Russland,

SIMON TRESS kocht im Restaurant »1950« abgesehen vom Salz einzig mit Zutaten aus der Umgebung – gern auch mit Linsen von einem nahen Demeter-Hof

Vegetarisches Vergnügen Teller im »1950« mit Möhre, Mangold und einem versteckten Linsentaler

wo ihnen der Direktor des Instituts feierlich zwei Tüten Saatgut übergab, pro Sorte jeweils 200 Körner.

Lutz Mammel und Franz Häußler schwärmen noch heute vom Idealismus der Menschen, die sie dort getroffen haben. Damit die Samen keimfähig bleiben, müssen sie alle paar Jahre vermehrt werden, und das Personal tut das bis heute mit viel Einsatz und wenig Gehalt. Zurück auf der Schwäbischen Alb fing Woldemar Mammel an, die Samen zu vermehren, zuerst vorsichtig in Töpfen im Gewächshaus, später unter einem Hagelschutznetz.

So kamen die heimischen Linsen nach und nach wieder auf die Äcker, in den Verkauf – und auf die Teller. Viele Gasthöfe, die ihre Speisekarten auf regionale Produkte ausgerichtet haben, verwenden die Linsen aus Lauterach. Unter Köchen ist besonders die kleinere »Späths Alblinse II« beliebt, weil sie beim Garen körnig bleibt und sich dadurch zum Beispiel bestens für Linsensalat eignet. Auch die Vielfalt in den schwäbischen Privatküchen wächst, wenn es um Linsen geht. Lutz Mammel etwa schmeckt Linsenkuchen mit Birnen, Kirschen oder Rhabarber besonders gut.

Etabliert hat sich die Alblinse auch in der gehobenen Gastronomie. Die letzte Station der Linsenreise ist deswegen Ehestetten bei Hayingen. Hier hat die Familie Tress aus einem Bauernhof mit Gastwirtschaft über mehrere Generationen einen beachtlichen Betrieb entwickelt, mit Bio-Hotel, einer Supermarkt-Linie mit Bio-Suppen und -Fertiggerichten sowie vier Bio-Restaurants in Hayingen und Umgebung. Für deren kulinarische Gestaltung ist Simon Tress verantwortlich, bekannt als TV-Koch und Kochbuchautor. Letztes Jahr hat er in der ehemaligen Kochschule in Ehestetten sein neuestes Projekt eröffnet, das »Bio-Fine-Dining-Restaurant 1950«. Im namensgebenden Jahr hat sein Großvater den inzwischen verpachteten Hof nach den Demeter-Kriterien neu ausgerichtet.

Simon Tress bereitet im »1950« jetzt ein alle drei Monate wechselndes »CO_2-Menü« zu. Die fünf Gänge sind vegetarisch, Fleisch lässt sich nur als Beilage dazu bestellen. Den Begriff »CO_2-Menü« hat sich der geschäftstüchtige Koch schon vor zehn Jahren als Marke schützen lassen. Erst jetzt verwendet er ihn. »Damals war das zu früh, die Wirkung wäre verpufft«, findet Simon Tress. Im »1950« kocht er medienwirksam – aber auch wirklich radikal. Alles wird verwertet, und bis auf das Salz kommen die Zutaten aus einem Radius von 25 Kilometern. Jetzt im Spätsommer muss sich das Team gerade für den Winter vorbereiten, im offenen Vorratsschrank stapeln sich die Einmachgläser. Die Gerichte des Menüs haben keine klangvollen Namen, stattdessen werden jeweils

VOM SALAT BIS ZUM KUCHEN – DIE LINSE IST EIN MULTITALENT

akribisch alle verwendeten Produkte aufgelistet, inklusive Mengenangabe in Prozenten bis zur Dezimalstelle. Damit lässt Tress den CO_2-Ausstoß des Menüs berechnen, der natürlich verhältnismäßig tief ist. So will er zeigen: »Nachhaltigkeit geht auch spielend, ohne Fingerzeig.«

Über den Abend sammeln die Gäste Kärtchen. Jedes präsentiert eine Zutat, woher sie genau kommt, wer sie herstellt. 70 bis 80 Kärtchen kommen insgesamt zusammen, und natürlich ist auch die Alblinse dabei. »Die Linsen sind halt Heimat für uns«, sagt Simon Tress. »Linsengerichte schenken Wärme, geben Geborgenheit.« Linsen seien in der Küche super dankbar, weil sie sich so vielseitig verwenden lassen. »Das Schöne ist ja der pure Geschmack, da brauchst du nicht viel. Ich liebe lauwarmes Linsenragout mit Kartoffelschaum und geschmortem Fenchel. Aber du kannst Linsen auch mit Stärke zu Chips frittieren oder mit Salbei, Honig und Chili eine Creme machen, du kannst damit ein wunderbares Brot backen oder einen herzhaften Ofenschlupfer, mit Thymian, Altbrot und Sahne.«

Am Schluss bereitet er in der offenen Küche den »coolen vegetarischen Hauptgang« vor, den er am Abend seinen Gästen kochen wird. Eben hat er auf dem nahen Acker dafür noch Mangold und Karotten geerntet. Die Möhren variiert er, es gibt sie als Püree, halbiert und bissfest gebraten, eingelegt und dünn aufgeschnitten, dazu Staub aus getrockneten Möhrenschalen und etwas Karottengrün. Am Tisch gießt Simon Tress eine äußerst aromatische vegane »Bratenjus« aus scharf angebratenen Gemüseresten an, die sich auf dem Teller mit einem Klecks Molke und Pilzstaub vermischt. Den klein geschnittenen Mangold brät er in der Pfanne und richtet ihn mit Kartoffel-Mangold-Schaum auf einem Bratling an. Er besteht aus Ei, Salz, Senfsaat – und Alblinsenmehl. Er fällt nicht besonders auf und ist doch wichtig, bringt Biss rein und erdet das Gericht. Und er zeigt: Die Linse hat auf der Alb eine vielversprechende Zukunft vor sich.

Lauteracher Alb-Feld-Früchte
Im Laden gibt's Linsen, Öle, Mehle, Gewürze, Nudeln und weitere regionale Produkte, dazu Infos und Rezepte für die angebauten Feldfrüchte.
Lauterach
Am Hochberg 25
lauteracher.de

Bio-Fine-Dining-Restaurant 1950
Von Freitag bis Sonntag kocht Simon Tress hier aus rein regionalen Zutaten ambitionierte Menüs. Am gleichen Ort betreibt Familie Tress auch das Hotel und Restaurant »Rose«.
Hayingen-Ehestetten
Aichelauer Str. 6
tress-gastronomie.de

Im Reich der Spätzle und Maultaschen

Wer den richtigen Ort kennt, kann sich auf der Alb über beste schwäbische Küche freuen – aber auch über Pralinen, Räucherfisch und Ramen

LAUSCHIGES LAGERHAUS

Äußerst gemütlich ist es im Sommer vor dem **Lagerhaus an der Lauter,** wenn sich die Gäste direkt am Fluss und auf der Terrasse erholen. In kalten Monaten wiederum wärmt ein Kaminofen. Ein ganzjähriger Genussort also, in dem köstliche Kuchen und Torten serviert werden. Nur regionales Dinkelmehl wird für sie verwendet, außerdem Zutaten wie saisonales Obst und hochwertige Schokolade. Die ist auch Rohstoff für die Pralinen aus der hauseigenen Chocolaterie – unbedingt ein Tellerchen zum Kaffee bestellen! Ach ja: Auch der wird selbst geröstet. Herzhaftes wie Gemüsecurry, Speckknödel oder Salatteller gibt es auch. Was will man mehr? Vielleicht ein paar Naturseifen – die werden im Lagerhaus jedenfalls auch selbst gemacht.

Gomadingen-Dapfen, Lautertalstr. 65
lagerhaus-lauter.de

BESEELTE KÜCHE

Ein lichter Raum mit bodentiefen Fenstern, puristisch eingedeckte Holztische, ein freundlicher, unaufgeregter Service und eine offene Küche, in der ein junges Team ruhig und konzentriert die Gänge anrichtet: Das Restaurant **Anima** in Tuttlingen bietet am Südrand der Schwäbischen Alb bestes *casual fine dining.* Eine »leichte, moderne Wohlfühlküche« will Küchenchef Heiko Lacher seinen Gästen bieten – und löst das Versprechen mit dem fünf- bis achtgängigen Menü souverän ein. Dezent spielt er dabei mit Aromen aus aller Welt, kombiniert gebeizten Königsfisch mit geräucherter Eigelbcreme und einem leicht scharfen, vom lateinamerikanischen Hackfleischeintopf Picadillo inspirierten Sud, baut ein spanisch angehauchtes Türmchen aus Makrele, Paprika und Chorizocreme und verleiht Lamm mit eingekochter Trockenfeige, Gremolatajus und Zitrone fruchtig-frische Noten.

Tuttlingen, In Wöhrden 5
restaurant-anima.de

FRISCHER ALB-FISCH

Garantiert von bester Qualität sind die Forellen, Saiblinge und Lachsforellen, die im **Forellenhof Rössle** serviert werden – gebraten, geräuchert, paniert oder auch in einer Suppe. Sie stammen aus eigener Zucht, und was in diesem Traditionsbetrieb im Echaztal sonst auf der Karte steht, kommt ebenso größtenteils aus der Region – vorbildlich!

Lichtenstein-Honau, Heerstr. 20
forellenhof-roessle.de

TRAUMHAFTE TEIGTASCHEN

Der Name ist Programm: Im Restaurant **Maulhelden** kocht ein kreativer Experte für Maultaschen – und überhaupt für beste schwäbische Küche. Inhaber Markus Kunkel kreiert aus regionalen Zutaten aber auch viele neue Gerichte, etwa *sous vide* gegarter Schweinebauch mit Weißbiersauce. Freuen Sie sich auf Röstaromen, das Team ist mit vielen BBQ-Techniken vertraut.

Mössingen, Lange Str. 1
restaurant-maulhelden.de

Adler

Sogar der Kochlegende Paul Bocuse schmeckten die Sauren Kutteln, die in diesem Gasthof im Oberen Schlichemtal nach alter schwäbischer Art zubereitet werden. Aber auch Gerichte wie Ramen oder Schnecken im Blätterteig finden ihren Weg auf die Karte des Traditionslokals, zu dem auch eine eigene Brennerei gehört.

Ratshausen, Hohnerstr. 3
adler-ratshausen.de

Hirsch

Seit 1720 besteht der Familienbetrieb im Weiler Neunheim, in zwölfter Generation gibt's heute gehobene Küche mit Fokus auf regionalen Produkten. Seit Kurzem betreibt das Team auch die »Schloss Schenke«, ein Wirtshaus mit Biergarten direkt am Schloss Ellwangen.

Ellwangen-Neunheim, Maierstr. 2
hirsch-ellwangen.de

Linde

Draußen Fachwerk und rote Fensterläden, drinnen Bauernstühle und auch sonst viel Holz: Die »Linde« in Albstadt ist ein Bilderbuch-Gasthof – ganz zeitgemäß geführt. Serviert wird beste Regionalküche, von der Kürbisvariation über Käsespätzle bis zur deftigen Schlachtplatte.

Albstadt, Untere Vorstadt 1
gasthof-linde.com

FOTOS: VOLKER RENNER

ZWEI PERFEKTE PAUSEN
Zwetschgenkuchen aus der Bäckerei Glocker und Kaffeezeit vor dem »Lagerhaus an der Lauter«

Zwei Helden der Backstube

VOM FOTOSTUDIO IN DIE BÄCKEREI

Der Bäcker Simon Glocker wurde mit 23 Jahren **als Fotomodel entdeckt.** Eine Weile konnte er beide Jobs vereinen. Dann aber musste er entscheiden, ob er vor dem Ofen oder vor der Kamera stehen will – und wählte die Backstube. Seit 2021 leitet er mit seiner Frau Vanessa die Familienbäckerei in Gomadingen. Gut so! In der »Alten Mühlenscheuer«, die zum Verkaufsraum mit Café umgestaltet wurde, schmeckte MERIAN-Fotograf Volker Renner der Zwetschgenkuchen jedenfalls so gut, dass er gleich zweimal zurückkehrte, um ihn erneut zu bestellen.
Gomadingen, Marktplatz 11, baeckerei-glocker.de

DER SOUND DER KRUSTE

Die Konsistenz der Krume, der Klang der Kruste, der Duft: Jörg Schmid erkennt im Nu, ob ein Brot gut gemacht ist. Als einer der ersten Bäcker in Deutschland hat er eine Fortbildung zum **Brot-Sommelier** gemacht. Jetzt sorgt er in vierter Generation für frischen Wind in der Bäckerei Schmid. Seine Kreationen findet man u. a. im »Café Kult« in Gomaringen, wo Schmid auch Backkurse gibt.
Gomaringen, Raiffeisenstr. 1, meisterbaecker-schmid.de

Mit dem Strom

TEXT **ELMAR BRÜMMER** FOTOS **LUKAS SPÖRL**

Blickfang: Die St.-Remigius-Kapelle auf dem Kapellenberg bei Wurmlingen ist Wahrzeichen und Ausflugsziel

MERIAN-Autor Elmar Brümmer hat auf der Schwäbischen Alb die schmucken Städte entlang des Neckars erkundet und ist dafür **von Rottenburg bis nach Nürtingen** gereist. Bequem auf einem E-Bike und mit vielen Zwischenstopps

Rottenb

3 Beschwingt: MERIAN-Fotograf Lukas Spörl war mit dem E-Bike flink unterwegs – bis der Akku mitten im Grün plötzlich leer war
4 Sakrale Meisterwerke: Das Diözesanmuseum Rottenburg zeigt in einer ehemaligen Kirche seit 1996 mittelalterliche Gemälde und Skulpturen

2

1 Abendliches Idyll: die Rottenburger Promenade am sanft strömenden Neckar, im Hintergrund links das ehemalige Karmeliterkloster
2 Zeitreise im Untergrund: MERIAN-Autor Elmar Brümmer verfolgt unter der Sülchenkirche die Projektion auf dem alten Gräberfeld

urg

Unten im Tal haben sie einen gewarnt, wie rau es da oben doch sei. Und dann noch mit dem Fahrrad? Zumindest ein E-Bike müsse es dann schon sein. Aber noch mal: Ziemlich rau, so sei auch der Charakter der Menschen, beinahe engstirnig. Doch jetzt ist die Landeshauptstadt fern, und die Warnung verwässert schon beim ersten Blick auf den Fluss, dem wir von nun an folgen werden. Beim Rottenburger Freibad hat der Neckar seinen Durchbruch geschafft, sich von Felsen befreit, um durch eine weite Talaue zu fließen: Porta Suevica, die Schwäbische Pforte. »Früchtetrauf« wird diese Landschaft genannt, und was kann es Sanfteres geben, als durch die ausgedehnten Streuobstwiesen zu rollen, flankiert von Reben, die sich an den Hängen sonnen? Die Stuttgarter da drunten, gerade mal fünfzig Kilometer entfernt, scheinen wohl auch deshalb vom Neid geplagt, weil ihr Neckar von der Alb herab in die Stadt fließt.

Rivalitäten gibt es auch hier oben, zwischen den vier Städten, die wir den Neckartal-Radweg entlang besuchen – mit ein paar kleinen Schleifen drumherum. So ist **Rottenburg,** katholischer Bischofssitz und Hochburg der *Fasnet*, älter als der Nachbar Tübingen mit seiner evangelisch geprägten Universität. Sumelocenna haben die Kelten den Ort genannt, an dem die Römer um 90 eine Siedlung gegründet haben. Einige Reste sind im populären Stadtmuseum zu sehen. Doch wir finden einen anderen historischen Kulturschatz, das Diözesanmuseum. In der ehemaligen Kirche des Karmeliterklosters empfängt uns Melanie Prange. Der Schwung der Kunsthistorikerin ist im ganzen Kirchenschiff und auf allen Etagen zu spüren. Museum, das heißt für sie: ein Ort der Begegnung und des Austauschs. Auch die Augsburger Monstranz, die tief im Innern des Museums im geheimnisvollen Licht leuchtet, wird für Hochfeste in den nahen Dom getragen. Melanie Pranges offener Art können sich nur wenige entziehen, wenn sie auffordert: »Kommet!« So erfüllt sie die zeitgemäß präsentierte sakrale Sammlung durch Ausstellungen mit zeitgenössischen Werken, Liederabende und Kursen in der Werkstatt mit Leben. Dadurch rückt sie die Kunst in den Alltag der Rottenburger, und damit immer auch ein bisschen den Glauben. Wiederkehrende Besucher suchen aber noch etwas anderes: »Das Museum ist auch ein Platz für alle, die im Alltag zu sich kommen wollen.«

Uns schickt sie, ganz im Kulturauftrag, gleich hinaus aus der Stadt, zur Sülchenkirche. Ein hübsches Ensemble, aber hier am Ortsausgang hätten wir schon Schwung aufgenommen und wären vorbeigeradelt. Das wäre ein Fehler gewesen. Die Bedeutung von manchem auf unserem Weg liegt tiefer, hier im Wortsinn. Frühmittelalterlicher Bestattungsplatz, das klingt zwar nicht besonders begeisternd, aber in der Kirche hinabzusteigen in den Untergrund, das hat schon was. Matthias Raidt wartet bewusst, bis wir uns an den Mauerresten sattgesehen haben. Dann macht der Archäologe »klick«, und plötzlich ist auf dem alten Stein zu erleben, was nicht mehr zu rekonstruieren war: Die Projektion entführt auf das alte Gräberfeld. Die reich verzierten Grabbeigaben aus dem 6. und 7. Jahrhundert finden sich in einem schlichten Nebenraum. Sonne, Kreuz und Gold bekommen hier unten eine ungeheure Symbolkraft.

Jetzt aber wollen wir wieder zurück ans Licht und weiterfahren. Nach so viel Kultur tut uns Landschaft sicher gut. Wir verlassen die Route am Neckar und fahren eine Schleife. Bei Wurmlingen, wo die St.-Remigius-Kapelle wie ein sakraler Leuchtturm über dem weiten Tal thront, geht es in Richtung Oberndorf. Hier werden wir zu Testpiloten – es werden Schutzstreifen erprobt, um überall dort, wo kein eigener Radweg angelegt werden kann, eine sichere Verkehrsführung zu ermöglichen. Ein bisschen gefährlich wird es auf unserer Runde nur dann, wenn Traktoren den Weg kreuzen, deren Fahrer höher als in einem Lkw thronen. Sehen die uns? Auch wir müssen aufpassen: Soll der Weg mit Schwänen geteilt werden, gibt es in der Gegend dafür eigene Warnschilder.

Konkurrenz bekommt das nachhaltige Verkehrsmittel Fahrrad in **Tübingen,** wo weite Teile der Wege offenbar mit Stocherkähnen bestritten werden. Ziemlich elegant sieht es aus, wenn sie zwischen den Platanen und unterhalb der hohen Altstadtkulisse auf dem Neckar dahingleiten. Schon das Zugucken entschleunigt. Vor allem abends wird die Stadtmauer zur Tribüne, die Versorgung mit Wegbier und Eisbechern klappt vorzüglich, um auf den Fluss und die Kähne zu gucken. Überhaupt sorgt die Topografie des Zentrums für viele Stufen, auf denen sich sitzen lässt – ob unter dem Schutzpatron St. Georg oder beim Rathaus, die ganze Stadt wirkt wie ein Auditorium. Insbesondere dann, wenn keine Semesterferien sind und rund 27 000 Studierende das Leben prägen. Sie stellen dann knapp ein Drittel der Bevölkerung, machen die Stadt jung. Es gilt der Satz: »Tübingen hat keine Uni, Tübingen ist eine Uni.« Das gibt einer zutiefst schwäbischen Stadt ein weltoffenes Selbstbewusstsein, und manchmal ist allein die Internationalität schon Lehre genug. Der Universitätsgründer Graf Eberhard im Bart hat einen Ehrenplatz an der Rathausfassade, als wolle er mit seinem Lebensmotto »Attempto – Ich wag's« die Regenten von heute mahnen.

Am Neptunbrunnen auf dem Marktplatz treffen wir Manfred Bayer, der uns nahebringt, dass Tübingen eine geteilte Kommune war – geteilt in Ober- und Unterstadt. Oben wohnten die Akademiker und die bürgerliche Ehrbarkeit, unten die Handwerker und Weingärtner. Bayer ist Tübingen-Kenner, aber keiner dieser Gästeführer, die angelerntes Wissen vermitteln. Was er zu sagen hat, ist gelebt, den Ausflug in die Kleine Eiszeit einmal ausgenommen. Deshalb wird er auch gern namentlich gebucht. Bescheiden sagt er über seine Attraktivität: »Der Charme der Stadt ist der Magnet. Tübingen ist eine kleine, aber große Stadt.« Die Behutsamkeit, mit der hier die Bauten ergänzt und erhalten werden, ist auch seine eigene, wenn er in Winkel abseits der Touristenattraktionen führt, kleine Gärten hinter Fachwerk zeigt und dort die fünfziger Jahre aufleben lässt: »Hier rieche ich noch die Kindheit. Heu, Kelter, Holz.« Geschichtsunterricht im Laufschritt, das ist seine Ruhestandskarriere nach der als Prokurist in der mittelständischen Industrie. Wer als Schulkind Heimatkunde geliebt hat und ein Talent fürs Auswendiglernen hatte, der kann seinen Hölderlin bei jeder Tour zitieren: »Ein Gott ist der Mensch, wenn er träumt, ein Bettler, wenn er nachdenkt.«

Weiter geht unsere Tour aber mit einem anderen Zitat des Dichters: »Komm! ins Offene, Freund!« Das heißt zunächst bergauf, am Alten Botanischen Garten vorbei zum Stadtfriedhof. Dort ist er 1843 begraben worden, weshalb Tübingen sich gern auch als Hölderlin-Stadt sieht. Dieser Anspruch wird flussabwärts, ganz am Ende der Tour, in Nürtingen ebenso erhoben. Wir werden sehen, wem er gehört. Wir bleiben neutral, per App dem Tübinger Literaturpfad folgend. Außerhalb der Fußgängerzonen geht das auch wieder gut mit Rad, bergauf sogar viel besser. Hölderlinturm und Hesse-Kabinett liegen bald unter uns. Auch auf dem Friedhof lässt sich über die App »Wo sie ruhen« ein audiovisueller Rundgang abrufen, mit dem sich Friedrich Hölderlin so leicht finden lässt wie Ludwig Uhland. Ganz analog lädt ein Bücherschrank (»Was sie schrieben, die hier liegen«) zum spontanen Schmökern auf den vielen Bänken des literarischen Prominenten-Friedhofs ein.

Der Fluss und der offizielle Weg haben uns wieder, mit einer kleinen Extravaganz. Über den Neckar zieht sich ein

Tübingen

1

1 Manfred Bayer vermittelt Tübinger Stadtgeschichte – im Laufschritt und ergänzt mit persönlichen Erlebnissen **2** Während des Semesters beleben 27 000 Studierende zentrale Orte wie den Marktplatz in der Altstadt **3** Winterfester Übergang: Zu Tübingens viel genutztem Radwegenetz gehört auch eine beheizte Fahrradbrücke **4** Ablegen und zurücklehnen: Die gemütliche Fahrt im Stocherkahn ist überaus beliebt

1

Reutling

3

4

3 Rasten und genießen: Einige Schritte vom Zunftbrunnen und von der Marienkirche entfernt gibt es bei »Vinum« Wein und Feinkost
4 Alte Presse, junge Ausdrucke: Im Kreativkeller des Spendhauses steht die Originaldruckerpresse von HAP Grieshaber

1 Beste Aussichten: Wie hier zwischen Tübingen und Reutlingen umranden oft sanfte Hügel die Strecke des Neckartal-Radwegs **2** Schokoladige Souvenirs: Die »Genussmanufaktur Sommer« macht die Mutschel, das Wahrzeichen-Gebäck der Stadt, auch zur Praline

en

Steg, der als erste Fahrradbrücke mit Fußbodenheizung in Deutschland gilt. Im Hochsommer ist es nur der halbe Spaß, hier müsste man mal im tiefen Winter auf und ab fahren. Entlang von Neckarwiesen und Naturschutzgebieten erreichen wir Kirchentellinsfurt. Der ungewöhnlich erscheinende Name der Gemeinde gibt uns zu denken, dabei ist er leicht erklärbar. Die Dörfer Kirchen und Tälisfurt sind einst zusammengewachsen und vereinigten auch die Namen. Wir biegen rechts ab, noch ehe wir die hiesige Wochenend-Attraktion erreichen, den Baggersee. Der See füllt auf einer Länge von über einem Kilometer und bis zu 250 Metern Breite fast das ganze Tal aus und erreicht sechsstellige Besucherzahlen im Jahr. Baden, angeln, segeln und surfen geht hier prima, nur parken ist an schönen Tagen schnell ein Problem – für Autos.

Nach der Abzweigung befinden wir uns in voller Fahrt Richtung **Reutlingen,** das uns als »Biosphären-Metropole« vorgestellt wurde. Und tatsächlich, schon taucht die Skyline auf – bestehend aus den Höhen hinter der Stadt: Achalm, Käpfle, Roßberg, Rangenbergle, das volle Alb-Panorama. Der Unterschied von 300 Höhenmetern wird mit einem Blick über den Lenker hinweg plastisch. Wer an den Wirtschaftsfaktor der Gegend denkt, dem fällt sofort die nahe Outlet-Stadt Metzingen ein, mit ihren vier Millionen Shopperinnen und Shoppern im Jahr. Die kommen aus 185 Nationen. Wer jedoch oben von der Alb zum Wochenendeinkauf möchte, der fährt bloß bis Reutlingen.

»Wir sind so etwas wie die Hauptstadt der Alb«, bestätigt Sabine Tichelmann, die seit vier Jahrzehnten in der »Genussmanufaktur Sommer« mitten in der Stadt arbeitet. Sie erklärt uns das kulinarische Wahrzeichen der Stadt, die Mutschel. Dabei handelt es sich um ein sternförmiges Gebäck aus mürbem Hefeteig. Wichtig sind die acht Zacken, man sagt, jeder stehe für eine Zunft. Und der Knauz in der Mitte, der für den Hausberg Achalm steht. Früher gab es das nur an einem Tag im Jahr, heute täglich – zumindest als Praline. Der Brauch besagt, dass um sie gewürfelt werden sollte, gemutschelt eben. Die zweite Spezialität sind Schiedwecken, eine Blätterteigpastete. Mit dem Blick darauf, dass wir uns durch die laut Guinness-Buch der Rekorde engste Straße der Welt zwängen wollen, lehnen wir dankend ab. Bis zu 31 Zentimeter schmal ist die Spreuerhofstraße, das E-Bike bleibt außen vor, aber wir schlängeln uns irgendwie durch.

Erst im Pendelverkehr zwischen dem Kunstmuseum der Stadt kommt das Fahrrad wieder zum Einsatz. Sie haben schon richtig gelesen, denn das Museum hat zwei Standorte, die ein Stück weit auseinander liegen: einmal die Wandel-Hallen, eine stillgelegte Metalltuch- und Maschinenbaufabrik in der Nähe des Hauptbahnhofs, und einmal das Spendhaus, ein sechsgeschossiges Fachwerkhaus, das 1519 als Getreidespeicher errichtet wurde. Die Werke von HAP Grieshaber locken viele Kunstfreunde, die Entdeckungen fangen dann aber erst an. Das ist ganz nach dem Geschmack von Museumsleiterin Ina Dinter, der die

1 Das Hölderlin-Denkmal zeigt den Dichter als Jüngling unweit seines geliebten Neckars **2** Neue Flaniermeile: Auf dem autofreien »Stadtbalkon« trifft sich ganz Nürtingen **3** Über den Dächern der Altstadt leuchtet abends die Stadtkirche St. Laurentius

2

1

Nürtingen

3

Kunst im öffentlichen Raum und vor allem die Kunstvermittlung am Herzen liegen. Das kann auch schon mal durch einen plakativen Gorilla geschehen, der den Aufzug im Foyer schmückt. Die Idee erschließt sich erst bei der Fahrt nach oben, von Stockwerk zu Stockwerk: das Museum als Baumhaus, mitten im Fachwerk, HAP Grieshaber und seine Holzschnitt-Drucke lassen grüßen. Ganz unten im Kellergewölbe und weit oben im vierten Stock ist das Museum interaktiv.

Für die Schlussetappe fädeln wir uns wieder korrekt auf dem meist schön flachen Neckartal-Radweg ein. Träge fließt der Fluss der nahenden Schiffbarkeit entgegen, ein Wettrennen ist müßig. In **Nürtingen** machen es sich auf einer zum Stadtbalkon umfunktionierten Uferstraße die Menschen bequem, während sich die Fische über eine breite Treppe flussaufwärts mühen. Zeit für ein bisschen eigene Aktivität. Im Galgenbergpark, der am anderen Ufer ansteigt, haben Freiluft-Enthusiasten eine neue Sportart angesiedelt: Discgolf. Salopp gesagt ist es Frisbeespielen auf Ziele. Klingt einfach, ist es aber spätestens dann nicht, wenn die Bahn rund um mächtige Baumstämme herum- oder den steilen Hang hinaufführt. Markus Hybl und seine Freunde haben im weitläufigen Parkgelände viele Körbe verteilt, in denen die Scheiben landen sollen. »Manchmal finden wir dort immer wieder Äpfel und Heu, weil die Leute die Installationen für Wildtier-Futterstellen halten«, sagt Hybl. Ansporn genug für ihn, den Trendsport populär zu machen. Dort, wo früher die Heinrichsquelle sprudelte, soll es künftig die Scheiben auch zum Ausleihen geben.

Zurück am Fluss entdecken wir zwischen dem Ufergrün unseren heimlichen Reiseführer: Eine Bronzestatue zeigt den jungen Hölderlin. Ein Lächeln umspielt seine Lippen, er wirkt voller Tatendrang, die Schriftrolle fest in der einen Hand. Extra so aufgestellt, dass er auf sein Nürtingen blicken kann, wo er in der Stadtkirche konfirmiert wurde, zur alten Lateinschule ging und im Küchengarten der Familie entspannen konnte. Die Stadt blieb immer sein Sehnsuchtsort, auch während der Zeit, in der er von seinem Tübinger Turm aus umnachtet auf die Alb blickte. In Nürtingen hat Hölderlin vor einigen Jahren ein Denkmal gekriegt, aber es gibt auch Konkurrenz um den Titel als bekanntester Sohn der Stadt: der Entertainer Harald Schmidt ist hier aufgewachsen, machte sein Abitur auf dem hiesigen Hölderlin-Gymnasium. Schon damals testete er in der Theater-AG und als Klassenclown seine Wirkung vor Publikum aus. Fast empört weiß er zu berichten, dass am »HöGy« keine einzige Zeile Hölderlin gelesen wurde. Das spricht jetzt doch wieder für Tübingen als Hölderlin-Stadt. Sollen die Verantwortlichen den Wettstreit doch unter sich ausmachen!

Öfter mal einfach ausrollen lassen

MERIAN-Autor **Elmar Brümmer** war entlang des Neckars unterwegs und rät: Nur keine Eile und kleine Schleifen drehen!

Der Neckartal-Radweg führt von Villingen-Schwenningen bis Mannheim. Unsere E-Bike-Tour ist ein Teilstück der Strecke, allerdings haben wir zwei kleine, schöne Schleifen eingebaut. Die rund 80 Kilometer lange Tour ist gut an einem halben Tag zu schaffen. Wir empfehlen aber, drei oder vier Tage einzuplanen und die Städte zu erkunden. neckartalradweg-bw.de

1 ROTTENBURG AM NECKAR

Diözesanmuseum

Das Museum hat eine der bedeutendsten Sammlungen mittelalterlicher und sakraler Kunst des Landes, zeigt seine Schätze aber auf ganz aktuelle Art.
Karmeliterstr. 9
dioezesanmuseum-rottenburg.de

Hotel Martinshof

Kurze Wege zum Rottenburger Dom und zu weiteren Sehenswürdigkeiten bietet das fahrradfreundliche Hotel. Unser Tipp: das Arrangement »Württemberger Weinradweg«, zu dem ein Sportler-Frühstück und ein Menü mit Weinbegleitung gehören
Eugen-Bolz-Platz 5, martinshof-rottenburg.de

2 TÜBINGEN

Literaturpfad

Hesse und Hölderlin sind mit der Stadt eng verbunden, die kostenlose App »Tübinger Literaturpfad« führt zum Hesse-Kabinett am Holzmarkt und zum Hölderlinturm in der Bursagasse am Neckar, wo eine gut gegliederte Ausstellung an den Dichter erinnert.

Stadtführungen

Manfred Bayer stellt die Stadt mit großer Leidenschaft und Kenntnis vor und vermittelt weit mehr als Lexikon-Wissen. Touren mit ihm und anderen Guides sind über die Tourist-Information buchbar.
An der Neckarbrücke 1, tuebingen-info.de

Collegium

Für viele Studierende ist das »Collegium« mit großen Fenstern und Bistro-Charakter ihr zweites Wohnzimmer. Vom Frühstück bis zur Bar-Atmosphäre abends wandeln sich Lokal und Publikum über den Tag hinweg.
Lange Gasse 8, collegium-tuebingen.de

3 REUTLINGEN

Kunstmuseum Reutlingen

Ein Museum mit zwei Standorten, die unterschiedlicher nicht sein könnten. Im Spendhaus aus dem 16. Jahrhundert befindet sich die Städtische Kunstsammlung, im ehemaligen Fabrikgebäude Wandel-Hallen die Sammlung »Konkrete Kunst«.
Spendhausstr. 3 und Eberhardstr. 14
kunstmuseum-reutlingen.de

Genussmanufaktur Sommer

Die hausgemachten Pralinen nehmen eine ganze Theke ein. Ein Muss bei einem Bummel durch die Fußgängerzone.
Wilhelmstr. 100, konditorei-sommer.de

4 NÜRTINGEN

Altstadt

Auf einem Bergsporn thront die gotische Stadtkirche, ringsum liegen hübsche Lokale und Geschäfte. Tipp: Mit der »Zeitreise«-App bekommen Besucher Stadtgeschichte aufs Handy geliefert.

Galgenbergpark

Mit den alten Bäumen ist dieser Park schön zum stadtnahen Schlendern. Wer mag, kann auch discgolfen, bald soll es dafür Leihfrisbees geben.
nuertingen-squirrels.de

FOTOS: PRIVAT, ACHIM MENDE/SCHWÄBISCHE ALB TOURISMUS; KARTENILLUSTRATION: JOCHEN SCHÄFERS

Wegpunkt für viele Radler: der Kornbühl bei Salmendingen

Im Sattel kreuz und quer über die Alb

Albtäler-Radweg

Acht Täler der Schwäbischen Alb lassen sich auf dieser Tour in drei Tagen erkunden. Die 186 Kilometer lange Strecke ist Teil des Landesfernradweges und führt von den Eiszeithöhlen im Lonetal über das Obere Filstal mit seinen Thermalbädern bis zur Riedlandschaft an der Donau.
albtaeler-radtour.de

Berg-Bier-Tour

Diese gut ausgeschilderte Zwei-Tages-Rundtour misst 115 Kilometer bei 566 Höhenmetern und ist ideal für E-Bike-Fahrer. Viele Wirte, die beim Gemeinschaftsprojekt mitmachen, sind Teil des dichten Strom-Tankstellennetzes der Region. Die Route führt größtenteils durch das Biosphärengebiet Schwäbische Alb. Für alle, die sich den regionalen Bierspezialitäten widmen wollen, gibt es unterwegs reichlich Übernachtungsmöglichkeiten.
bergbiertour.de

Donauradweg

Gleich die ersten Etappen des beliebten Fernradweges führen zwischen Donaueschingen und Ulm durch die Schwäbische Alb. Sie zählen zu den Filetstücken der insgesamt rund 2800 Kilometer langen Route, die am Schwarzen Meer endet. In Baden-Württemberg ist die Donau noch ein beschaulicher Fluss, in Immendingen versickert sie zeitweise sogar. Die Strecke durchs Donaudurchbruchstal ist meist flach und wildromantisch.
deutsche-donau.de/donauradweg

Kornbühl-Tour

Eine ideale Strecke für Einsteiger: Die familienfreundliche Radtour auf den Höhen Burladingens ist in anderthalb Stunden von Melchingen aus gut zu bewältigen. Die »Talheimer Wasserfälle« und der fast kreisrunde, 886 hohe Kornbühl sind dabei die optischen Höhepunkte. Wer es ambitionierter mag: Auch die »Alb-Crossing«-Route führt am Kornbühl vorbei. Die rund 370 Kilometer lange MTB-Strecke verläuft in sechs Etappen quer über die Alb von Aalen bis nach Tuttlingen.

Stauferschleife

Wer den Weg vom Südbahnhof Schwäbisch Gmünd hoch auf die Straßdorfer Höhe bewältigt hat, wird mit einem fantastischen Blick auf die »Drei-Kaiser-Berge« Stufen, Rechberg und Hohenstaufen belohnt. Abstecher zur Burg Wäscherschloss sind zu empfehlen, ebenso zum Kloster Lorch mit der Grablege der Staufer oder zum Römerbad Schirenhof.

Detaillierte Infos zu den genannten Touren und weitere Vorschläge unter schwaebischealb.de/rad

Das Fabelwesen aus der **Höhle**

Vor 40 000 Jahren formte ein Homo sapiens in einer Höhle des Hohlensteins einen Löwenmenschen aus Mammutelfenbein. Die weltberühmte Figur wird gern zum Botschafter der Schwäbischen Alb stilisiert. Unser Kolumnist fragt sich allerdings, ob der Steinzeitkünstler nicht ganz andere Absichten hatte

ILLUSTRATION **P.M.HOFFMANN**

Auf der Schwäbischen Alb gab es schon in grauer Vorzeit intelligentes Leben, möglicherweise sogar hochintelligentes. Das steht außer Zweifel. Es ist allerdings schon ein paar Jahre her, die älteren Leser werden sich vielleicht noch daran erinnern. Es war zur Zeit des Jungpaläolithikums, einer wilden Epoche an deren Ende das Holozän steht, in dem wir uns möglicherweise gerade noch so befinden, das werden aber erst Ausgrabungen am Ende des Anthropozäns wirklich beweisen. Kommen wir lieber zurück zum Jungpaläolithikum, versetzen uns also in die Zeit vor ungefähr 35 000 bis 41 000 Jahren. Damals nahm der Homo sapiens die Schwäbische Alb in Besitz. Er wohnte in Höhlen und das Wort Mietpreisbremse hätte man ihm wohl nicht erklären können. Es ist übrigens wirklich erstaunlich, dass auch wir dem Homo sapiens zugerechnet werden. Obwohl wir doch inzwischen Autos, Raumschiffe, Roboterrasenmäher und Kotbeutel für Hunde entwickelt haben, zahlen wir für eine geräumige Wohnhöhle in Schwäbisch Hall locker 2000 Euro Miete, bei einem durchschnittlichen Quadratmeterpreis von 10,46 Euro. Es ist also nicht ganz klar, ob wir uns weiterentwickelt haben oder im Stadium der Degeneration begriffen sind. Jedenfalls hat der Homo sapiens damals, als er noch nicht durch das Internet behindert wurde, Zeit gefunden, sich künstlerisch auszudrücken. Er schnitzte und malte, was er so sah, gerne beeindruckende Tiere wie Mammuts und Höhlenbären, aber auch Fantasiewesen. Und das älteste bisher auf der Erde entdeckte Fantasiewesen wurde im Stadel gefunden, das ist eine der drei Karsthöhlen des Hohlensteins bei Asselfingen. Die Stadt Asselfingen hat einen sehr kleinen und extrem nüchtern gehaltenen Wikipedia-Eintrag, woraus man vielleicht schließen könnte, dass sie ihren kulturellen Höhepunkt wohl tatsächlich im Jungpaläolithikum erlebte, als eine Frau oder ein Mann in der Höhle des Hohlensteins den Löwenmenschen aus Mammutknochen schnitzte.

An dieser Stelle schreiben unsere Kolumnistinnen und Kolumnisten in unregelmäßiger Folge über die Welt und wie sie ihnen begegnet. **Hans Zippert** *kommt angesichts der ältesten Kunstwerke der Welt ins Grübeln: Welche Fortschritte hat der Mensch wirklich gemacht?*

Die ersten Bruchstücke dieses Fabelwesens wurden 1939 entdeckt, aber erst 1960 hatte man genug Einzelteile zusammen, um festzustellen, dass es sich tatsächlich um ein Mischwesen aus Mensch und wahrscheinlich einem Höhlenlöwen handelt.

Obwohl es der Name nahelegt, war der Höhlenlöwe kein Konkurrent

für den Menschen bei der Wohnungssuche, nur alte und kranke Tiere suchten dort Schutz, und dass man so viele Löwenknochen in den Höhlen der Schwäbischen Alb gefunden hat, lag eher daran, dass Hyänen sie dorthin geschleppt hatten.

Der namenlose Künstler oder die Künstlerin der Karsthöhle bei Asselfingen wird sicher genauer über die Lebensweise des Höhlenlöwen Bescheid gewusst haben, jedenfalls ist ihm oder ihr die Gestaltung des Löwenmenschen recht eindrucksvoll gelungen. Davon kann sich jeder im Museum Ulm überzeugen, wo das Fabelwesen seit 1970 gezeigt wird, und es lohnt sich, häufiger mal vorbeizuschauen, denn es werden immer wieder ein paar Splitter gefunden, die es ermöglichen, die Skulptur zu vervollständigen.

Über die genaue Bedeutung der Figur weiß man nichts, es könnte sowohl ein Fantasiewesen als auch ein Schamane sein, der sich einen Löwenkopf aufgesetzt hat. Was aber ganz felsenfest steht: Der Löwenmensch ist zu einer Leitfigur der Region geworden. Ein älteres Wappentier ist schlicht undenkbar, und mit diesem Asset hält die Alb auch nicht hinter dem Berg. Man rühmt sich der großen Vergangenheit mit Sätzen wie: »Älter geht's nicht: Seit 40000 Jahren ist die Schwäbische Alb eine Kulturlandschaft. Der Ursprung der Kunst und der Musik liegt somit in Baden-Württemberg.« Recht haben sie, denn ältere Kunstwerke wurden auf der Welt noch nicht entdeckt. Allerdings wird dem Löwenmenschen so einiges attestiert. Er sei ein »unternehmungslustiger Geselle« heißt es, und er stehe für »Kreativität, Kraft, raue Schönheit und Langlebigkeit«.

Ich will mich da nicht allzu sehr einmischen, aber es ist ja durchaus auch möglich, dass die Figur aus der Höhle für einen ganz düsteren Kult oder ein blutiges Ritual steht. Sie könnte eine Art Hohepriester darstellen oder einen intergalaktischen Superschurken oder eine machthungrige Gottheit, der man regelmäßig junge Touristen opfern musste. Man weiß es nicht. Wenn der Löwenmensch für etwas steht, dann für den Mangel an Mammutelfenbein, denn diesen Rohstoff liefert die Schwäbische Alb schon länger nicht mehr.

Andererseits sollte ich den Löwenmenschen wohl auch nicht unterschätzen, denn ihm wohnt anscheinend eine große magische Kraft inne. Er hat es geschafft, dass Menschen der Neuzeit ihn aus über 300 Teilen wieder zusammengesetzt und zu einem neuen Leben erweckt haben, er hat Werbetexter zu hinreißenden Spekulationen angeregt, und er hat es aus dem Dunkel des Jungpaläolithikums sogar bewirkt, dass ich diesen Text schreiben musste, ich konnte gar nicht anders. Und ich denke sogar ernsthaft darüber nach, eine dieser Übernachtungshöhlen für die Touristen zu beziehen, um mir die Alb und den Ort, wo der Löwenmensch gewohnt hat, anzuschauen. Ich bin nämlich ein unternehmungslustiger Geselle.

MERIAN

ERSCHEINT IM

JAHRES ZEITEN VERLAG

EIN UNTERNEHMEN DER GANSKE VERLAGSGRUPPE

Chefredakteur	Hansjörg Falz
Stellvertretende Chefredakteurin	Kathrin Sander
Art Direction	Isa Johannsen
Chefin vom Dienst	Jasmin Wolf
Redaktion	Tinka Dippel, Kalle Harberg, Jonas Morgenthaler, Stefanie Plarre, Inka Schmeling; Mitarbeit: Christine Kemenah
Bildredaktion	Violetta Bismor, Tanja Foley, Katharina Oesten (Leitung)
Layout	Inke Cron, Lena Glauche (stellv. AD, in Elternzeit), Tanja Schmidt
Redaktionsmanagement	Bodo Drazba (Ltg.)
www.merian.de	Jasmin Deiter
Assistenz der Chefredaktion	Lina Malin Lilischkis
Konzeption dieser Ausgabe	Jonas Morgenthaler (Text), Tanja Foley (Bild)
Autoren	Kristine Bilkau, Dennis Gastmann, Finn-Ole Heinrich, Nils Minkmar Thomas Pletzinger, Till Raether, Saša Stanišić, Ilija Trojanow, Hans Zippert
Verantwortlich für den red. Inhalt	Hansjörg Falz
Geschäftsführung	Thomas Ganske, Sebastian Ganske, Heiko Gregor (CEO), Peter Rensmann
Brand Owner/Verlagsleitung	Oliver Voß
Head of Editorial Operations	Bartosz Plaksa
Gesamtvertriebsleitung	Jörg-Michael Westerkamp (Zeitschriftenhandel), Thomas Voigtländer (Buchhandel)
Abovertriebsleitung	Christa Balcke
Leitung Leserreisen	Oliver Voß
Head of Sales	Helma Spieker (verantwortlich für Anzeigen), Tel. 040 2717-0
Senior Brand Manager	Henning Meyer, Tel. 040 2717-2496
Anzeigenstruktur	Corinna Plambeck-Rose, Tel. 040 2717-2237
Marketing Consultant	Alexander Grzegorzewski
Ihre Ansprechpartner vor Ort:	
Region Nord	Jörg Slama, Tel. +49 40 22859 2992, joerg.slama@jalag.de
Region West / Mitte	Michael Thiemann, Tel. +49 40 22859 2996, michael.thiemann@jalag.de
Region Südwest	Marco Janssen, Tel. +49 40 22859 2997, marco.janssen@jalag.de
Region Süd	Andrea Tappert, Tel. +49 40 22859 2998, andrea.tappert@jalag.de
Repräsentanzen Ausland:	
Belgien/Niederlande/Luxemburg	Mediawire International, Tel. +31 651 48 01 08, info@mediawire.nl
Frankreich/Monaco	Media Embassy International, Tel. +33 (0)6 03 92 09 15, info@media-embassy.fr
Großbritannien/Irland	Mercury Publicity Ltd., Tel. +44 7798 665 395, stefanie@mercury-publicity.com
Italien	Media & Service International Srl, Tel. +39 02 48 00 61 93, info@it-mediaservice.com
Österreich	Michael Thiemann, Tel. +49 40 22859 2996, michael.thiemann@jalag.de
Schweiz/Liechtenstein	Goldbach Publishing AG, Tel. +41 (0) 76 468 83 13, eva.favre@goldbach.com
Skandinavien	International Media Sales, Tel. +47 55 92 51 92, fgisdahl@mediasales.no
Spanien/Portugal	The International Media House, Tel. +34 91 7023484, administracion@theinternationalmediahouse.com

Die Premium Magazin Gruppe im Jahreszeiten Verlag
Gültige Anzeigenpreisliste: Nr. 10
Heft 01/2022 – Schwäbische Alb. Erstverkaufstag dieser Ausgabe ist der 23.12.2021. Redaktionsschluss: 24.11.2021
MERIAN erscheint monatlich im Jahreszeiten Verlag GmbH, Harvestehuder Weg 42, 20149 Hamburg, Tel. 040 2717-0
Redaktion Tel. 040 2717-2600, E-Mail: redaktion@merian.de Internet www.merian.de
Abonnementvertrieb und Abonnentenbetreuung DPV Deutscher Pressevertrieb GmbH, Tel. 040 2103-1371, Fax -1372, www.dpv.de, E-Mail: leserservice-jalag@dpv.de
Merian (USPS no 11458) is published monthly by JAHRESZEITEN-VERLAG GMBH. Known Office of Publication: Data Media (A division of Cover-All Computer Services Corp.), 2221 Kenmore Avenue, Suite 106, Buffalo, NY 14207-1306. Periodicals postage is paid at Buffalo, NY 14205. Postmaster: Send address changes to Merian, Data Media, P.O. Box 155, Buffalo. NY 14205-0155, E-Mail: service@roltek.com, Toll free: 1-877-776-5835
Vertrieb DPV Vertriebsservice GmbH, www.dpv-vertriebsservice.de
Litho K+R Medien GmbH, Darmstadt
Druck und Verarbeitung Walstead Kraków Sp. z o.o., Obrońców Modlina 11, 30-733 Krakau, Polen

Jahresabonnementspreis im Inland 99 €, für Studenten 49,50 € (inklusive Zustellung frei Haus). Der Bezugspreis enthält 7 % Mehrwertsteuer. Auslandspreise auf Nachfrage. Führen in Lesemappen nur mit Genehmigung des Verlages. Printed in Germany, ISBN 978-3-8342-3326-4, ISSN 0026-0029, MERIAN (USPS No. 011-458) is published monthly by JAHRESZEITEN VERLAG GMBH.

Bildagentur Image Professionals GmbH Tumblingerstr. 32, 80337 München, www.imageprofessionals.com

Weitere Titel der JAHRESZEITEN VERLAG GmbH A&W ARCHITEKTUR & WOHNEN, CLEVER LEBEN, COUNTRY, DER FEINSCHMECKER, FOODIE, HOLIDAY, LAFER, MERIAN SCOUT, POLETTO, PRINZ, ROBB REPORT, SCHÖNER REISEN, WEIN GOURMET

MERIAN *Highlights*

1. **Burg Hohenzollern** Eine Bilderbuch-Burg mit langer Geschichte, die auf einer steilen Bergkuppe thront **(Seite 60)**
2. **Tübingen** Die lebendige Uni-Stadt bietet Fachwerk-Flair und ein Schloss mit spannenden Ausstellungen **(Seite 118)**
3. **Urgeschichtliches Museum Blaubeuren** Hier sind faszinierende Fundstücke aus der Steinzeit zu sehen **(Seite 36)**
4. **Limestor Dalkingen** An den Ruinen und im Limesmuseum Aalen lässt sich das Weltkulturerbe Limes erleben **(Seite 20)**
5. **Charlottenhöhle** Die Schwäbische Alb ist voller Höhlen – diese ist eine der beeindruckendsten **(Seite 48)**
6. **Bad Urach** Ein idealer Urlaubsort mit hübschem Stadtkern und einem außergewöhnlichen Hotel **(Seite 75)**
7. **Großes Lautertal** Burgen und Ruinen, Auen und hohe Felsen machen das Tal zu einem der schönsten auf der Alb **(Seite 6)**
8. **Urweltmuseum Hauff** In dem Privatmuseum sind viele Fossilien von Tieren zu sehen, die hier vor rund 180 Millionen Jahren gelebt haben **(Seite 46)**
9. **Streuobstwiesen** wie die um Schlat sind wichtige Kulturlandschaften – und liefern Obst für ausgezeichnete Getränke **(Seite 88)**
10. **Oberes Donautal** Die noch junge Donau fließt hier gemächlich durch eine imposante Landschaft **(Seite 18)**

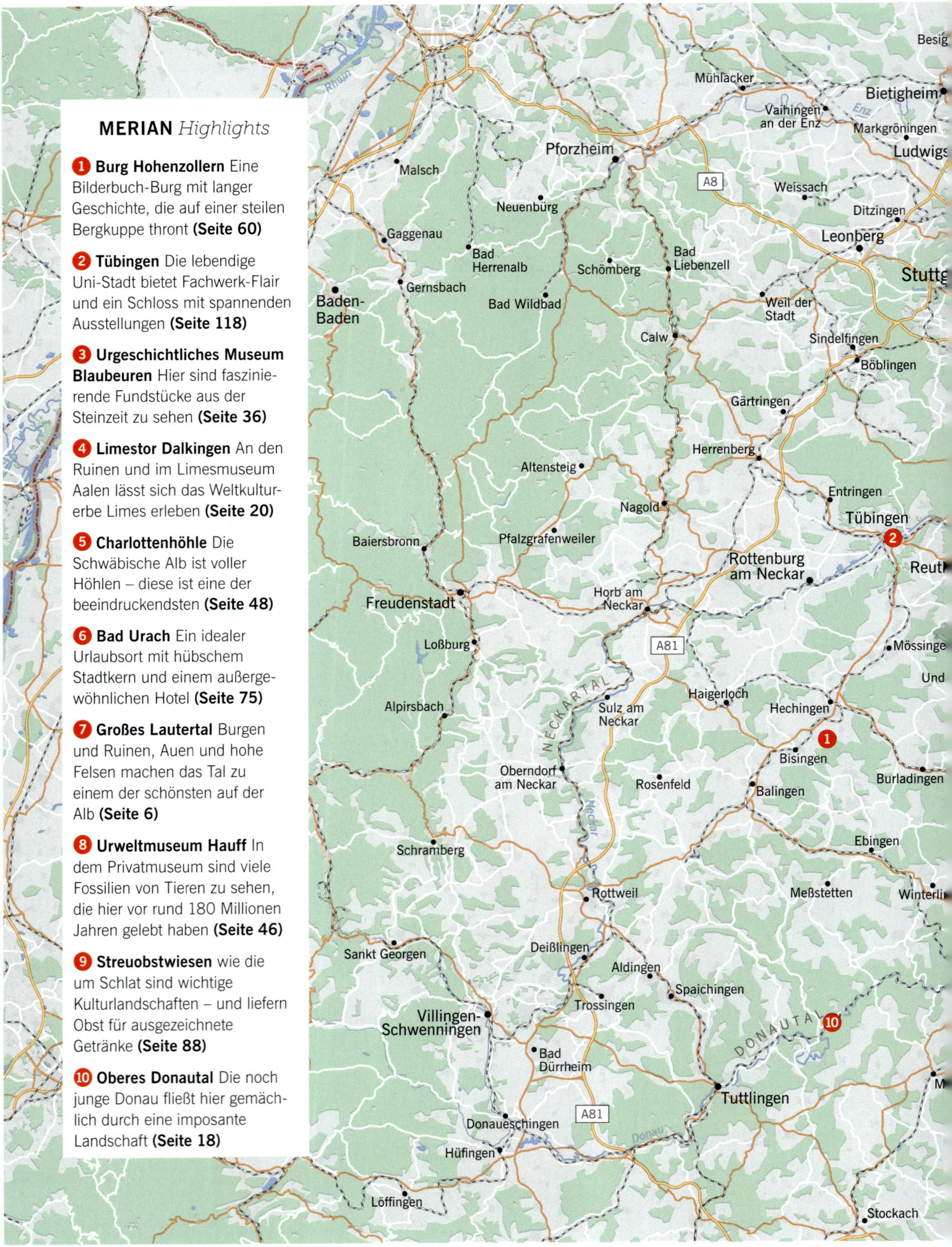

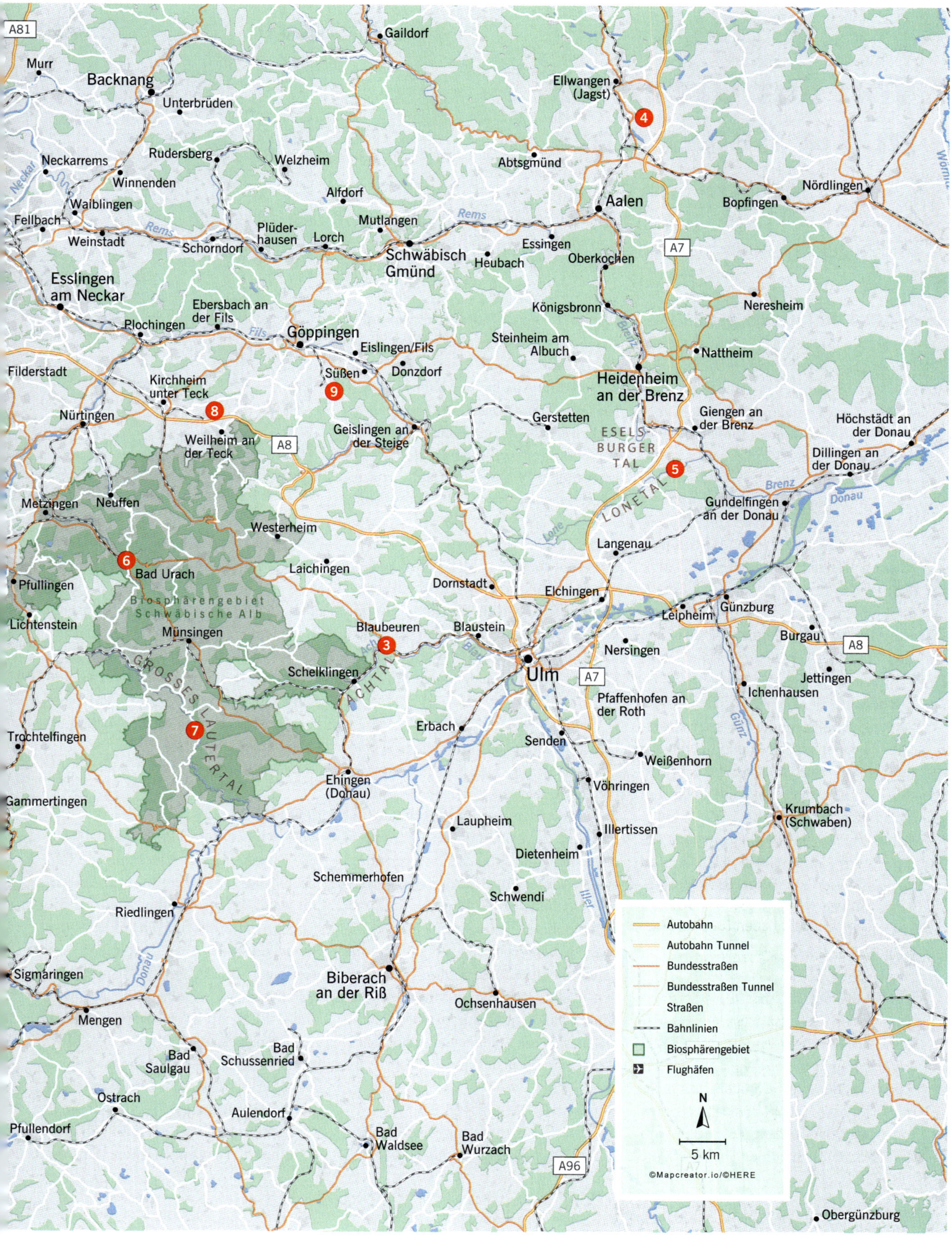

KARTENILLUSTRATION: JOCHEN SCHÄFERS

Von der Urzeit bis in die Gegenwart ...

... reisen Gäste auf der Schwäbischen Alb. Unterwegs lernen sie eine einzigartige Kulturlandschaft kennen – und begegnen auch mal Schafen oder Mammuts

Herdentiere einst und jetzt: Schafe auf dem Zeugenberg Ipf und eine lebensgroße Mammutfigur im Archäopark Vogelherd

GEOGRAFIE UND BEVÖLKERUNG

Die Schwäbische Alb ist ein rund vierzig Kilometer breites **Mittelgebirge,** das sich von der Schweizer Grenze im Südwesten von Baden-Württemberg über mehr als 200 Kilometer diagonal bis in den Nordosten des Bundeslandes zieht, wo sich die Fränkische Alb anschließt. Als touristisches Reiseziel umfasst die Region ungefähr 8400 Quadratkilometer, auf denen etwa 2,3 Millionen Menschen leben. Die Grenzen sind allerdings nicht klar umrissen. Geografisch markiert im Nordwesten der steile, felsige **Albtrauf** eine sichtbare Abgrenzung zum tiefer liegenden Vorland. Die **Mittlere Alb,** also die große, zentrale Hochfläche, ist von vielen Hügeln und Senken geprägt und fällt gegen Südosten langsam bis zur Donau ab, welche die Grenze zum Alpenvorland bildet. Zur Westalb zwischen Tuttlingen und Albstadt gehört der 1015 Meter hohe **Lemberg,** der die höchste Erhebung des Gebirges bildet. Außergewöhnlich sind die Zeugenberge im Vorland: allein stehende, oft kegelförmige Berge, die davon zeugen, dass sich die Hochebene einst weiter ausgedehnt hat.

KLIMA UND REISEZEIT

Nach einer Redensart ist es auf der Schwäbischen Alb »immer einen Kittel kälter«: Durch die erhöhte Lage ist das Klima auf der Alb, verglichen mit mehrere Hundert Meter tiefer gelegenen Landschaften wie dem Neckarland um Stuttgart, deutlich kühler. Das macht die Region zu einem attraktiven Sommerziel. Sehr schön ist es aber auch im Frühling, wenn auf den Streuobstwiesen die Kirsch- und Apfelbäume blühen, und im Herbst, wenn die Laubwälder in bunten Farben leuchten. Im Winter können die Temperaturen in einigen Hochtälern bei bestimmten Wetterlagen auf Extremwerte bis unter minus 30 °C absinken.

ANREISE

Die Schwäbische Alb lässt sich bestens mit der Bahn erreichen. **ICE-Züge** fahren regelmäßig nach Ulm und Stuttgart, und auch in Städte wie Aalen, Tübingen und Tuttlingen verkehren Fernzüge. Der nächste größere Flughafen ist Stuttgart.

UNTERWEGS AUF DER ALB

Beliebte touristische Zentren wie Tübingen, Aalen, Bad Urach und Münsingen bieten oft eine Fülle an nahen Ausflugszielen, Wander- und Radwegen, die bestens mit dem öffentlichen Nahverkehr erreichbar sind. Mancherorts verkehren auch **Wander- und Radbusse.** Wer allerdings ohne große Planung in kurzer Zeit möglichst viele Gebiete der Schwäbischen Alb erkunden möchte, kommt kaum um einen Pkw herum. Ein besonders großes Angebot an Mietwagen finden Reisende in Stuttgart, aber auch in vielen weiteren Städten gibt es Stationen.

Nahverkehr: bwegt.de

EINE KARTE FÜR ALLES

Über 150 Gastgeber auf der Schwäbischen Alb offerieren Urlaubsgästen ab der ersten Übernachtung die **AlbCard.** Sie gewährt kostenlosen Eintritt für viele Top-Sehenswürdigkeiten, darunter etwa das Urgeschichtliche Museum Blaubeuren, die Burg Hohenzollern und den Archäopark Vogelherd – und dient als Freifahrt-Ticket für alle Busse und Bahnen in der Region. Oft ist außerhalb des Berufsverkehrs eine Fahrradmitnahme möglich.

schwaebischealb.de/albcard

LITERATUR

Wer nach dem Interview in diesem Heft (S. 36) mehr über die Eiszeitkunst erfahren möchte, kann sein Wissen bestens mit dem Buch **»Als der Mensch die Kunst erfand: Eiszeithöhlen der Schwäbischen Alb«** vertiefen, das Nicholas J. Conard zusammen mit Claus-Joachim Kind geschrieben hat (wbg Theiss 2021, 40 €). Es zeigt sehr gute Aufnahmen der Funde und weitere Illustrationen. Viele Insider-Tipps zur Region enthalten die Bücher **»Glücksorte auf der Schwäbischen Alb«** von Cornelia Ziegler (Droste 2020, 14,99 €) und **»111 Orte auf der Schwäbischen Alb, die**

FOTOS: GEORG KNOLL, VOLKER RENNER

man gesehen haben muss« von Barbara Goerlich, das kürzlich neu aufgelegt wurde (Emons 2021, 16,95 €). Auf Naturziele ausgerichtet ist das Pendant **»111 Schätze der Natur auf der Schwäbischen Alb, die man gesehen haben muss«** (Emons 2020, 16,95 €) von Eva Grubmiller und Martina Neher.

SCHAFHALTUNG

Auf der Alb gibt es eine lange Tradition der Schafhaltung, die trotz eines Tiefpunkts in den 1960er Jahren bis heute fortbesteht. **Rund 100 000 Schafe** weiden heute in der Region. Viele davon ziehen nach wie vor mit Wanderschäferinnen und Wanderschäfern umher, obwohl deren Arbeit wegen neuer Straßen und knapper werdender Herbst- und Winterweiden immer schwieriger wird.

BIOSPHÄRENGEBIET

Seit 2009 ist ein großes Gebiet der Schwäbischen Alb als UNESCO-Biosphärenreservat ausgewiesen. Neben dem Biosphärenzentrum im **Alten Lager in Münsingen** informieren Ausstellungen an vielen weiteren Orten über Aspekte der Kulturlandschaft. Um eine originelle Verwendung von Wasserkraft geht es etwa bei der **Kugelmühle Neidlingen,** die Jura-Marmor aus der Region durch Rollen zu perfekten Kugeln und Murmeln schleifen kann. Viel Wissen zur Umgebung vermitteln auch die **»Alb-Guides«,** die diverse Touren durchs Biosphärengebiet anbieten.

biosphaerengebiet-alb.de
kugelmuehle-neidlingen.de, alb-guide.de

INFORMATIONEN

Schwäbische Alb Tourismus pflegt eine gut gestaltete Website, über die sich auch Unterkünfte buchen lassen. Zu Themen wie Familienurlaub, Wandern und Radfahren gibt es zudem diverse Broschüren mit vielen konkreten Tipps.

schwaebischealb.de

Mit Weitblick auf dem Weg nach oben: der gläserne Panoramaaufzug in Luxemburg-Stadt

Im Wald sammelt René Mathieu Kräuter für seine genialen Rezepte

Staunen und selber zum Künstler werden – in der Kulturhauptstadt 2022

Comeback mit neuen Ideen: das umgebaute Industrieareal Belval in Esch-sur-Alzette

FOTOS: CHRISTINA KÖRTE (2), LUKAS SPÖRL, ANTONIN FOURNEAU/WATERLIGHT GRAFFITI

Luxemburg

BEST OF ESCH Die Highlights der europäischen Kulturhauptstadt 2022

ZU BESUCH IM SCHLOSS Exklusives Gespräch mit der Großherzogin

GOURMET AUS DEM WALD René Mathieus vegetarische Spitzenküche

KAPITALES GLÜCK Warum Luxemburg-Stadt so unheimlich lebenswert ist

Haben Sie eine MERIAN-Ausgabe verpasst?
Bestellservice: Tel. (040) 2717-1110
E-Mail: sonderversand@jalag.de
oder online bestellen unter merian.de
oder einzelheftbestellung.de

Abo bestellen:
Tel. (040) 21031371
E-Mail: leserservice-jalag@dpv.de
oder online unter shop.jalag.de

Zuletzt erschienen:

August 2021

September 2021

Oktober 2021

November 2021

Dezember 2021

In Vorbereitung:
Sachsen-Anhalt
Valencia
Oberösterreich